회복적 생활교육을 위한
교실 상담

회복적
생활교육을 위한
교실 상담 ————

상처와 갈등을 넘어 치유와 성장으로!

이주영 · 고홍락 지음

지식프레임

들어가는 글

"왜 그렇게 돌아다니니? 수업시간에는 자리에 앉아 있는 거야. 너는 왜 수업시간마다 친구들과 떠들고 수업을 방해하니!"

매시간 선생님과 전쟁을 벌이는 아이들은 늘 산만하고 한시도 몸을 가만히 두지 않는다. 한두 명의 아이일지라도 이런 친구들은 수업에 방해가 되고 정신을 빼놓기 때문에 교실에서는 제지할 수밖에 없다.

이렇듯 산만한 아이들이 상담실에 오면 "저에게 여친이 생길까요?"라는 엉뚱한 질문을 하면서 다트를 던진다. 던진 다트가 중앙에 꽂힐 때 마치 여친이 생긴 것처럼 그 아이가 환호하는 모습은 귀여움을 넘어서 잔망스럽다. 쉬는 시간 종소리가 들리자마자 상담실로 뛰어와서 여러 선생님 흉내를 내며 깔깔거리는 아이들은 사랑스럽기까지 하다. 부산스럽게 움직이면서 노는 것이 즐거운 이 아이들이 얌전히 앉아서 공부를 할 리가 없다.

"저한테 계속 금세 들통날 거짓말을 하는 거예요. 한두 번도 아니고 그런 일이 반복되니까 아이에게 정이 안 가요."

자신의 잘못을 인정하지 않는 한 아이는 반복적인 거짓말로 선생님께 신뢰를 잃고 있었다.

"제가 유치원 다닐 때 부모님이 이혼을 했어요. 그때부터 아이들에게 거짓말을 했던 것 같아요. 부모님과 잘 놀러다니는 척, 행복한 척 했어요."

그 아이가 눈물을 글썽이며 상담실에서 들려준 말이다. 아이의 삶이 너무 안타깝고 가련하여 함께 엉엉 울고 말았다.

"부모님의 이혼은 네 잘못이 아니란다. 그것을 놀리는 아이가 나쁜 거지."라는 위로의 말로 마무리했지만 내 목에 걸린 안쓰러움은 쉽게 뚫리지 않았다.

"제가 무슨 말만 하면 '다른 아이들도 그랬는데 왜 저만 야단쳐요'라면서 대들어요. '네가 먼저 그랬잖아!'라고 말하면 '저 아이 말만 믿잖아요'라고 화를 내죠. 말이 안 통하니까 어떻게 지도해야 좋을지 모르겠어요. 그렇다고 그냥 넘기면 다른 애들이 '왜 쟤만 봐줘요'라고 해요."

그 아이는 상담실에서도 "왜 제가 상담실에 와야 하죠? 우리 선생님은 저한테만 그래요. 완전 차별해요."라며 도끼눈을 뜨고 말한다. "그래? 담임 선생님이 잘못했네! 차별은 하면 안 되지!"라고 맞장구를 치면 조금 뒤 아이는 제정신으로 돌아온다. 그리고 난 후에야 "네가 잘못한 일은 하나도 없는 거니?"라는 질문이 그 아이에게 먹힌다. 눈을 부라리면서 노려보던 아이의 사나움은 어디론가 사라지고 없다.

아이들을 상담하는 것이 때로는 힘겹고 지치는 일이지만, 필자가 상담을 계속하는 이유는 이런 아이들 때문이다. 아이들 편에 서서 아이의 마음을 헤아려주고 위로하면 대부분의 아이들은 언제 그랬냐는 듯이 얌전하고 천진한 아이 본연의 모습으로 돌아와 있다. 이처럼 제자리로 돌아오는 아이들을 보면서 힘을 얻는다.

한때는 교사들이 바뀌면 모든 아이들이 행복할 것이라고 생각했다. 그러나 시간이 지날수록 교사만의 문제가 아님을 느낀다. 산만한 아이를 보고도 내가 웃을 수 있는 이유는 수업시간이 아니기도 하고 한두 명을 동시에 상대하기 때문이다. 선생님이 힘든 이유는 교실에 많은 아이들이 있고 한 아이가 반 전체에 미치는 부정적인 분위기 때문이다.

"저도 당연히 갈등이 되죠. 다른 아이들이 보는 앞에서 모른 척할 수도 없고, 야단을 치자니 그 아이의 어려움이 이해되고, 난감할 때가 많아요. 그 아이 혼자라면 다 받아주고 대화로 풀겠지만, 아이들 모두가 걸려 있으니까 어려운 거죠. 그렇다고 공부를 안 시킬 수도 없고요. 매시간 아이와의 갈등이 반복되니까 지치고, 아이들이 보기 싫을 때도 있어요."

교사들은 교사들 나름대로 이런저런 상처를 받는다. 그런데 학부모까지 가세하면 버틸 힘조차 없어진다. 교사에게 많은 위로와 치유가 필요한 이유다. 상담실에서 만나는 아이들은 이전의 아이들보다 더 우울하고 자신의 틀이 강해졌으며 관계를 잘 맺지 못한다. 큰 문제가 아니라면 상담을 통해 아이의 행동을 바꾸거나 마음을 다독여 교실로 돌려보낼 수 있다. 하지만 상담실에서 해결할 수 있는 문제는 제한적이다. 결국 친구관계나 갈등은 교실에서 풀어야 한다. 책에 제시한 여러 가지 학급 서클 활동은 그런 아이들이 학급에서 잘 지낼 수 있도록 도움을 줄 것으로 기대한다.

정서와 심리 건강이 취약한 아이들 역시 교실 따로, 상담실 따로 해결하는 데에는 한계가 있다. 무엇보다도 아이는 교실에서 건강해야 한다. 그래서 필자는 '교실과 상담실의 협업이 필요하다'는 생각으로 현장의 많은 선생님들을 만났다. 그리고 학생과 교사, 교실과 상담실 모두가 행복한 학교를 만들기 위해 고민했다. 이 같은 고민의 과정에서 '회복적 생활교육'을 만났으며, 학교 아이들의 가장 큰 관계 갈등인 학교폭력은 고홍락 선생님과 풀어나갔다. 상담실보다 교실에서 아이들과 선생님이 더 행복해지기를 바라는 마음으로 시작한 고민의 작은 결실이 이 책이다.

나를 힘들고 지치게도 하지만 때로는 힘과 웃음을 주는 아이들처럼 이 책이 많은 선생님께 활력소가 되기를 희망한다. 많은 노력에도 불구하고 아이에게 지쳐 포기하고 싶을 때, 끊임없는 요청에 미동도 하지 않는 학부모를 비난하려는 마음이 생길 때, 변화 없는 아이의 행동이 자신의 무능력 때문인 것 같아 죄책감이 들 때 위로가 되는 책이었으면 좋겠다. 늘 그렇듯 여러분은 자신이 할 수 있는 최선을 다하고, 지금도 충분히 잘하고 있다. 모든 선생님들이 진정으로 편안하고 행복하기를 바란다.

Contents

들어가는 글　　004

Part 1　새로운 도전, 회복적 생활교육

01　교실에서 마주한 현실　　015

정답을 찾는 교실 • 착한 아이와 나쁜 아이를 나누는 교실 • 잘못에 대한 벌이 당연한 교실 • 교육보다 관리가 중요한 교실 • 교사에게 짐을 지우는 교실

02　회복적 생활교육　　022

응보적 정의 • 회복적 정의 • 회복적 생활교육의 시작 • 응보적 생활지도, 벌에 대한 생각 • 응보적 생활지도에서 회복적 생활교육으로 • 회복적 생활교육의 목표 • 교사의 관심과 초점 • 패러다임의 변화, 회복적 관점으로

Part 2 회복적 생활교육을 위한 교실 상담

01 서클과 상담   037
서클과 상담의 특성 · 교실 서클의 종류 · 교실 서클의 치유적 의미 · 교실 서클 질문 만들기 · 서클과 상담의 진행 방법 · 교실 서클 진행 사례

02 요즘 아이들의 심리행동적 특성   050
문제행동을 일삼는 아이 · 산만하고 자유분방한 아이 · 분노와 공격성, 폭력성을 가진 아이 · 자존감이 낮고 무기력한 아이 · 지나치게 외모에 관심이 많은 아이 · 아이들의 개방적인 성(性) 의식과 욕설 · 인터넷, 스마트폰에 빠진 아이들 · 스마트폰 이용에 대한 교실 서클 · 문제행동을 바라보는 교사의 관점 · 요즘 아이들과 교사

Part 3 문제행동 유형별 교실 상담

01 ADHD란 이름으로   069
ADHD(주의력결핍과잉행동장애) 이해하기 · 독특한 ADHD 아이 · ADHD를 바라보는 교사의 관점 · 교사가 ADHD 아이에게 할 수 있는 일 · ADHD 아이와 함께하는 교실 서클

02 아이들의 성(性)과 욕설   081
성 관련 문제행동을 하는 아이들 · 욕에 물든 아이들 · 성이나 욕에 대한 교실 서클

03 정신이 멍들어가는 아이들   091

정신이 멍들어가는 아이들 이해하기 • 분노조절이 힘든 아이들 • 분노조절이 힘든 아이를 위한 교실 서클 • 자신의 틀 속에 갇힌 강박 경향 아이들 • 자기에게 화살을 쏘는 우울한 아이들 • 공상의 세계로 숨어드는 아이들 • 죽음을 생각하는 아이들 • 자살 면담 사례 • 정신이 멍든 아이들 치료하기

04 가족으로 인한 문제행동   116

가족의 폭력으로 인한 문제 • 이혼 가정에 대한 이해 • 부모의 양육 태도에 대한 이해 • 가족 문제 교실 서클

Part 4   갈등해결을 위한 교실 상담

01 학교 폭력 vs 학교 갈등   135

학교에서 일어난 폭력 • 가해자 vs 피해자 • 학교 갈등에 대한 이해 • 갈등해결을 준비하는 학교

02 친구관계 갈등   141

따돌림을 시키는 아이들 • 따돌림을 당하는 아이들 • 학급 따돌림과 교사 • 요즘 아이들의 친구관계 • 친구관계가 어려운 아이를 위한 교실 서클

03 갈등해결 서클을 통한 교실 상담   152

갈등해결 서클에 대한 이해 • 갈등해결 서클의 방향 • 진행자의 역할 및 의사소통 기술 • 갈등해결 서클 사례

04 학생과 갈등하는 교사를 위한 교실 상담   174

교사 요인으로 일어나는 학생과의 갈등 • 또 다른 갈등, 아이들의 반항

05 학부모와 갈등하는 교사를 위한 교실 상담   187

학부모들이 자녀를 바라보는 시각과 판단 • 학부모와 공감하는 교실 서클 • 성공한 서클 vs
실패한 서클

Part 5 공동체 회복을 위한 교실 치유

01 공동체와 함께하는 명상   205

~구나, ~겠지, 감사! 명상 • 마음챙김 대화 • 교실 알아차림 놀이

02 교사를 위한 자기 돌봄 명상   215

스트레스 관리 명상 • 스트레스 관리를 돕는 명상 • 교사, 자기 치유 서클 • 교사 치유 서클

참고문헌   228

상처와 갈등을 넘어 치유와 성장으로!

Part 1
새로운 도전,
회복적 생활교육

01
교실에서 마주한 현실

정답을 찾는 교실

우리들 대부분은 지금까지 정답과 오답을 찾는 교육을 받아왔고, 과거에 교육받은 방식으로 교실 속의 아이들을 가르치고 있다. 정답을 찾는 교육에 익숙한 교사들은 아이에게 정답을 요구할 수밖에 없다. 늘 정답이 있는 것이 아니며 좌충우돌 부딪치는 그 과정에서 일어나는 배움이 전부일 수 있음을 받아들이기 어렵다.

아이들의 성장 과정과 인생에 늘 정답과 오답이 분명하다면 얼마나 좋겠는가! 그러나 안타깝게도 교육에 정답은 없다. 마치 인생처럼 말이다. 정답을 찾으면서 오히려 더 어려워진다. 교사가 요구하는 것은 어쩌면 다음 세대의 아이들에게는 쓸모없는 과거의 정답일 수 있다.

교사들은 자신에게도 끊임없이 정답을 찾는 질문을 한다.

'내가 잘하고 있나? 내가 하는 것이 맞는 건가?'

물론 충분히 잘하고 있다. 못하는 사람은 이런 고민조차 하지 않는다. 잘하면 어떻고 좀 틀리고 실패한들 어떠랴! 세월이 흘러 인생을 돌아보았을 때 성공이든 실패든 모두 나름대로 소중한 의미가 있다. '실패는 성공의 어머니!'라는 오래된, 흔한 명언이 여전히 유효한 이유는 '성장의 기회를 제공하는 것이 실패'일 수도 있음을 많은 이들이 공감하기 때문일 것이다.

착한 아이와 나쁜 아이를 나누는 교실

✳

교사들은 착한 아이와 나쁜 아이로 나눈다. 자로 잰 듯 정확하게 나눌 수는 없지만 대체적으로 두 부류로 구분한다. 착한 아이란 아이들의 시각이 아닌 어른의 입장에서 볼 때 착한 것이다. 어른의 뜻에 맞게 자란다는 말이다. 어떤 면에서 나쁜 아이는 어른의 시각에서 마음에 들지 않는 아이다. 어떤 아이가 더 행복할까? 심리적인 문제가 없다는 전제하에 나쁜 아이가 더 행복한 삶을 사는 것일 수도 있다. 타인이 아닌 자신을 중심으로 살아가니까….

착한 아이는 착한 대로 자신의 입장이 있고 나쁜 평가를 받는 아이

또한 나름의 입장이 있다. 그들의 입장을 따라가다 보면 착하고 나쁜 경계가 희미해진다. 아이들의 문제행동도 일차적으로는 해당 아이의 잘못이지만 입장 차이로 인한 문제일 수 있다. 학생 각자의 입장, 교사와 학생의 입장, 교사와 학부모의 입장이 다르기 때문에 나타나는 어쩔 수 없는 차이들⋯. 내 입장과 네 입장은 다를 수밖에 없는데, 이는 매우 당연한 일이다.

일례로, 학생이 반항하고 있는 교실을 한번 떠올려보자. 아이 하나가 수업을 시작하자마자 엎드린다면 수업 자체에 흥미가 없기 때문일 수도 있다. 선생님이 아이를 야단쳐서 자존심을 건드리고 무시하는 느낌을 준다면 대들고 반항한다. 알아먹지도 못하는 수업이 아이 입장에서는 얼마나 지루할까? 반면 교사의 입장은 이렇다. 재미있게 가르치고자 밤까지 새면서 교재연구를 해왔는데, 책을 펼치기도 전에 아이가 엎드려 있다. 이를 지켜보는 교사는 얼마나 속상하고 화가 날까? 사춘기 아이를 둔 엄마들 또한 나름의 입장이 있다. 자신이 할 수 있는 여러 가지 시도를 해보아도 아이의 태도는 변함이 없고, 학교에서는 부정적인 연락만 계속 온다. 그런 엄마의 마음은 또 얼마나 답답하고 속이 터질까? 착하고 나쁘다는 기준으로 아이를 바라볼 것이 아니라 서로 모를 수도 있는 입장의 차이를 고려해야 한다. 역지사지(易地思之), 나의 생각이나 기준이 아닌 상대방의 형편과 시각에서 문제를 바라볼 필요가 있다.

잘못에 대한 벌이 당연한 교실

*

교사들은 아이가 잘하면 정상적인 행동이라고 칭찬한다. 반면에 아이가 잘못을 하면 벌을 주고 야단을 치며 문제 아이, 비정상적인 아이라고 규정한다. 과연 이런 판단이 옳을까? 잘한 행동과 잘못된 행동을 나누는 기준이란 것이 혹시 어른의 입장, 사회적인 습관은 아니었을까? 교사는 아이가 보인 행동이 어떤 면에서 잘못인지를 충분히 고민해야 한다. 아이에게 칭찬을 하고 벌을 주는 교사 자신의 판단이 옳았는지를 숙고해볼 필요가 있다. 자신에게 익숙하고 습관적인 기준으로 아이의 행동을 잘잘못으로 나누어온 건 아닌지를 돌아봐야 한다. 과거와 같은 판단에서 벗어나지 못한다면 아이들이 왜 그런 문제행동을 했는지에 대한 관심이 뒤로 밀릴 수밖에 없다. 관심이 사라진 교사의 지도나 훈계는 아이들의 공감을 이끌어내지 못한다. 교육의 초점은 아이들의 행동을 잘잘못으로 나누는 대신 아이의 올바른 성장에 맞추어져야 한다. 문제행동을 포함한 아이들의 여러 가지 행동은 성장과정에서 일어나는 자연스러운 현상이며 과정이다. 인생에서 바라볼 때 하나의 에피소드일 수 있다.

내가 볼 땐 분명히 문제행동인데, 왜 다른 교사는 문제행동이 아니라고 말할까? 교사가 아이를 긍정적으로 보느냐, 부정적으로 보느냐, 유연하게 보느냐, 경직된 시각으로 보느냐 등에 따라 아이의 반응이 달라진다. 즉 아이의 문제가 아닌 교사의 뜻과 가치관, 시각에 따라 아이의 문제행동이 결정될 수도 있다는 말이다.

교육보다 관리가 중요한 교실

✱

교사가 중심이 되어 질서가 잘 유지되는 학급은 관리가 우수하다는 평가를 받는다. 반면에 학생을 중심으로 운영되는 자유로운 반은 관리가 엉망인 학급이라고 평가하곤 한다. 이런 결과는 교육이 아닌 학교의 경영 차원에서 바라보기 때문에 나타난다. 전자가 수동적이면서 부정적인 학생을 만들고, 후자가 자율적이고 긍정적인 학생으로 길러낸다면 답이 달라져야 한다. 질서를 강조하는 교사가 강한 통제로 아이의 자존감을 낮추는 반면, 관리가 엉망인 것처럼 보여도 자유로운 분위기에서 아이들의 자존감을 높일 수 있다면 후자가 한결 더 교육적이다. 학급 관리를 '잘한다', '못한다'로 구분할 것이 아니라 아이들의 성장과 교육의 관점에서 학급을 바라보아야 한다.

교사에게 짐을 지우는 교실

✱

교사는 교실에서 자의든 타의든 많은 짐을 안고 살아간다. 아이들을 잘 가르쳐야 하고, 아이들의 문제행동도 잘 해결해야 하며, 맡은 반에 문제 아이도 없어야 한다. 뿐만 아니라 학부모 상담이나 학급 운영에도 신경 써야 한다. 슈퍼맨이 아닌 이상 이 모든 일들을 완벽하게 수행한다는 건 불가능하다. 이렇듯 불가능하고 힘든 일이지만 많은 교사들이 자신의 학급을 완벽하게 운영하기를 바란다. 그러나 현실적으로 교사 혼자서 학생 관리와 학부모 상담, 학급에서 벌어지는 모든 일들을 완벽하게 관리할 수는 없다. 학생과 학부모, 동료교사와 함께 무거운 짐을 나누어 운영해야 한다. 교사의 영역과 학생, 학부모, 관리자의 영역을 구별한 후 내가 할 수 있는 것과 할 수 없는 것을 구별해 내자. 또한 학생과 교사가 서로 다른 인격체임을 인정하고 학교 내에서 불거지는 여러 가지 문제들을 객관적으로 바라보도록 하자. 어떤 아이의 문제행동에 대해 조언하고 의견을 주는 것은 교사인 나의 몫이고, 그 아이를 치료하고 돌보는 것은 부모의 몫이다. 부모가 교사의 조언을 받아들이지 않아서 문제가 더 심각해지는 것은 교사의 잘못이 아니다.

내가 생각하는 담임이란 어떤 모습인가요?

- 담임은 학급 아이들을 꼼꼼하게 챙겨야 하고, 교재 연구나 학급 운영도 완벽해야 하고, 문제 아이는 잘 지도해야 하고, 학부모 상담도 신경 써야 하고, 아이들 공부도 잘 가르쳐야 하고… 그리고 보니 너무 많은 짐을 지고 사는 것 같아요.

- 저는 '1년에 한두 가지씩 이것만은 하자'라고 목표를 세워요. 올해는 학습 부진아만 없도록 만들자. 올해는 저 아이의 문제행동은 반드시 해결해주자 등이죠. 그런데 교사 경력이 쌓일수록 욕심이 점점 줄어드는 거 같아요.

- 처음에는 제가 모든 것을 다 해주려고 했죠. 이것도 해보고 저것도 시도해보고 아이들이 따라주었으니까요. 그런데 올해 우리 반은 좀 달라요. 아이들이 잘 따라주지 않아 재미도 없고 '이 방법이 맞나?' 하는 회의가 들어요. 그래서 조금 쉬엄쉬엄 하는데 사실은 영 재미가 없네요. 뭐든지 열심히 할 때가 신나고 재미있죠.

02
회복적 생활교육

응보적 정의

*

교사를 화나게 해서 한 대 때려주고 싶은 아이가 있다고 해보자. 이런 아이는 '맞아야 정신 차리고 행동이 바뀐다'고들 말한다. 아직도 많은 교사들이 문제 아이에게 체벌을 하면 긍정적인 변화가 일어날 것으로 생각한다. 물론 체벌이 효과가 없는 것은 아니다. 이처럼 문제행동을 하는 아이에게 벌을 주어야 변할 것이라는 관점이 응보적 관점이다. '응보적 정의'란 어떤 사건이 벌어졌을 때 처벌로 대응하는 것을 말한다.

응보적 정의의 또 다른 말은 응보적 처벌이다. 처벌이 주는 불쾌함과 고통이 잘못된 행동을 예방할 것이라고 본다. 문제행동을 한 학생에게 자신이 저지른 행동과 연관이 없는 처벌을 준다. 예컨대 친구를 괴롭히는 잘못을 한 아이에게 교내봉사를 시키는 경우가 그렇다. 응보적 정의로 접근하면 피해자가 무엇을 원하는지에 대한 관심이 배제된다.

회복적 정의

✳

가해 아이를 벌하거나 야단치는 것을 강조하는 것이 응보적 관점이라면 괴롭힘을 당한 아이, 즉 피해를 당한 아이와 교실의 피해에 초점을 맞추는 것이 회복적 정의다. '회복적 정의'는 벌이 아닌 다른 방법으로 가해자의 책임을 강조한다. 자신이 괴롭힌 아이의 어려움과 고통을 깨닫고 책임지도록 만든다. 교육적인 방법이지만 많은 시간과 노력이 필요하고 변화가 더디므로 빠른 효과를 기대하기는 힘들다.

회복적 정의는 피해자가 받은 상처와 요구에 일차적인 관심을 가진다. 잘못을 저지른 사람이 응당한 처벌을 받았는가보다 이들의 잘못된 행동의 결과로서 나타난 책임과 의무에 초점을 맞춘다. 문제해결 과정 역시 모두가 참여해 협력하는 방식을 강조한다. 이 정의는 공동체에 속한 모든 사람이 자신의 경험과 요구가 정당하게 반영되도록 서로 귀 기울인다. 회복적 정의로 접근하면 피해자와 가해자의 요구가 무엇인지 살펴볼 수 있고, 피해자의 요구를 사건 해결에 반영하여 좀 더 근본적인 관계 회복을 도모할 수 있다.

정리하자면, 첫째 응보적 정의란 '죄를 지은 사람에게 피해자가 받은 만큼 벌을 주어야 이 세상은 정의롭다'라고 보는 것이다. 이때 흔히 간과하는 것은 가해 학생에게 준 벌이 피해자가 상처받은 만큼 응당하고 객관적인가 하는 문제다. 둘째 회복적 정의란 '당사자와 공동체 구성원의 참여로 피해가 회복되었을 때 정의가 이루어진다'는 신념이다. 응보적 정의는 가해자를 어떻게 처벌할지에 초점이 맞추어져 있고, 회복적 정의는 피해자의 상처를 어떻게 치유할 것인가에 초점이 맞추어져 있다.

회복적 생활교육의 시작

회복적 생활교육은 회복적 정의를 바탕으로 피해회복, 자발적 책임, 공동체 등에 관심을 둔다. 피해자의 회복을 위해 공동체가 함께 고민하고 해결책을 찾는다. 또한 가해자의 회복에도 적극적으로 개입하여 해당 학생이 왜 그런 잘못을 저질렀는지를 이해하고 아이의 심리적·정신적 문제, 교우관계, 물질적 문제 등을 종합적으로 살펴본다.

만약 선생님에게 말대꾸를 하는 아이가 있다면 이 아이를 어떻게 볼 것인가? 어떤 벌을 주어야 아이가 말대꾸하지 않을까를 고민한다면 응보적 관점이다. 반면에 '아이가 왜 저럴까?', '무슨 일이 있나?' 등의 생각은 회복적 관점이다. 회복적 생활교육은 교사가 가지고 있는 생각, 교육에 대한 패러다임의 변화가 없다면 실천하기가 힘들다. 교사 스스로 응보적 관점과 회복적 관점을 성찰하는 시간이 필요하고, 회복적 관점에 걸림돌이 되는 자신의 가치관을 살펴보아야 한다.

응보적 생활지도, 벌에 대한 생각

처벌은 교실에서 일반적으로 사용하는 응보적 생활지도 방법이다. 처벌은 효과가 빠르고 '최소한 무언가를 했다'는 안도감을 주지만 부정적인 시각도 많다. 처벌은 아이의 바람직하지 못한 행동을 제거하는 것이 아니라 일시적으로 억압시키고, 지각이나 무단결석 등을 조장할 수 있다. 처벌에 익숙한 아이들은 자발성이 없으며, 자신이 저지른 잘못보다 자신을 벌 받게 한 학생에게 집중한다. 자연스럽게 원망과 분노가 뒤따른다. 이런 학생들은 선생님을 비난하고 다른 친구에게 화풀이를 하며 주어진 일을 거부하기도 한다.

그렇다고 '모든 처벌을 당장 멈추고 회복적 생활교육을 하자!'라고 마음을 먹는다면 위험하고 불가능한 생각이다. 상황에 따라 달리 대응해야 한다. 때로는 응보적 방법이 효과적이고 또 어떤 사안에는 회복적 방법이 좋을 수 있다. 처벌은 학생들이 더 건강한 의사결정을 내리고 책임 있는 행동으로 옮겨가도록 만드는 생활교육 초기 단계에서 적절하다. 아이들의 벌에 대한 거부감, 자유로운 성향 등을 고려한다면 처벌을 넘어선 다른 방법에 대한 고민이 필요하다.

미국에서 학교 폭력을 해결하고자 도입했던 강력한 처벌이 있었다. 이른바 '무관용 정책(Zero Tolerance)'이었는데, 이 정책은 오히려 역효과를 낳았다. 엄격한 규율에 따라 학생들을 대하자, 아이들은 더 많은 문제행동을 나타냈고 학교를 더 많이 그만두었다.

한국의 상황은 어떨까? 학생들 사이에서 자연스럽게 일어나는 갈등을 평화롭게 해결하지 못하고, 많은 경우 학교 폭력으로 이름 붙여진다. 해결 과정에서도 갈등 이면의 복잡한 상황은 살피지 않고 절차에 따라 엄격하고 빠르게 해결한다. 따라서 단순한 사건 해결 수준에 그치고 아이들의 성장에 긍정적인 영향을 미치지 못한다. 결과적으로 학교 폭력이 반복될 수밖에 없다.

응보적 생활지도에서 회복적 생활교육으로

*

회복적 생활교육은 아이의 잘못된 행동을 차단하려는 응보적 생활지도보다 아이가 삶을 책임감 있게 살도록 가르친다. 아이가 매를 맞거나 벌을 받을 거라는 위협을 느끼는 대신 책임 있는 행동을 권장받고 피해 주는 행동을 자제하도록 교육받음으로써 더 나은 학교 공동체를 만들어가도록 이끈다.

회복적 생활교육을 학교에 적용하려면 먼저 처벌을 받는 가해자보다 피해자의 관계 회복을 더 중요시해야 한다. 아이의 잘못된 행동을 처벌하기보다는 아이가 자발적으로 책임을 수행할 것을 강조한다. 문제를 해결할 때 가해자에 대한 징계에 초점을 맞추지 않고 당사자를 포함하여 학교 구성원들이 참여하는 방법을 선택한다.

회복적 생활교육은 피해를 입은 학생의 요구뿐만 아니라 잘못을 저지른 학생의 내면까지도 살핀다. 모든 참여자가 문제를 바로잡을 방법을 고민하고 긍정적인 변화를 만들어나간다. 잘못을 저지른 학생이 피해자와 대화하면 자신이 저지른 행동 때문에 상대방이 얼마나 피해를 입었는지를 깨닫는다. 이런 회복 과정은 아이들이 서로 이해하고 존중하는 태도, 학교를 조화롭게 만들어가는 방법을 알려준다. 가해자와 피해자, 그리고 학교가 사건이 벌어지기 전의 관계로 회복하기 위해 함께 문제를 해결한다.

사례를 하나 살펴보자. 학교에서 흡연을 한 아이가 있다면 그 아이에게 '흡연하지 말라는 학교 규칙을 어겼으니 교내 봉사를 해야 한다!'라고 강제하기보다는 '너의 흡연으로 누가 어떤 피해를 입었는지 생각해보자'라고 질문하는 것이 좋다. 이런 대화를 통해 아이가 잘못을 깨닫고, 학교 규칙에 대한 새로운 고민과 해결방법을 찾을 수 있다. 자연스럽게 흡연에 대한 징계와 교내 봉사 대한 논의보다는 어떻게 하면 금연을 도울 수 있을지를 고민하게 된다. 물론 한두 번의 논의로 문제가 해결되지는 않는다. 교내 봉사가 효과적인 아이도 있다. 교사의 고민은 '잘못을 저지른 아이에게 어떤 벌을 줄 것인가?'보다는 '아이의 행동을 어떻게 고쳐서 잘 살아가도록 만들까?'가 먼저여야 한다.

회복적 생활교육의 목표

회복적 생활교육의 목표는 잘못된 행동을 한 아이의 심리와 행동 원인을 파악하고, 피해자의 요구를 다루며, 피해를 바로잡기 위해 노력하는 데에 있다. 이런 교육을 통해 상처 치유를 도모하고 아이들의 미래에 긍정적인 변화가 일어나도록 돕는 것이다. 가해자와 피해자 두 사람만의 문제가 아니다. 그들이 포함된 교실과 학교의 문제로 인식, 더 나은 공동체를 만들기 위해 함께 노력해야 한다. 회복적 생활교육은 다음과 같은 질문과 탐색으로 진행된다.

'누가 피해를 입었는가? 피해자의 요구는 무엇인가?'
'이것은 누구의 책임이고 원인이 무엇인가?'

문제를 해결하기 위해 누가 관여해야 좋을지를 찾고, 어떤 절차로 진행할지 고민한다. 회복적 생활교육에서는 피해자와 가해자의 입장과 생각을 함께 공감하고 그들이 원하는 것이 무엇인지를 경청한 후 응답한다. 가해자와 피해자, 그리고 학교가 함께 문제를 해결해나가면서 얻게 되는 성찰로 책임감과 의무감을 기른다. 피해를 준 아이일지라도 학교의 가치 있는 구성원으로 인정하고 포용한다. 서로 돌보고 배려하는 분위기로 학교 공동체를 더욱 건강하게 만든다. 궁극적으로는 학교의 교육 시스템을 정비해야 한다. 피해를 줄이거나 이미 발생한 피해를 건강하게 해결하는 방향으로 말이다.

교사의 관심과 초점

✱

복도 유리창이 깨진 것을 발견한 교사가 '유리창 누가 깼어? 누구야? 이리 나와!'라고 반응한다면 응보적 생활지도다. 벌을 주는 것에만 초점을 두고 누가 가해자인지 찾기 때문이다. 회복적 생활교육을 강조하는 교사라면 다친 아이부터 먼저 찾는다. '다친 사람은 없니? 모두 괜찮니?'라고 묻는다. '누가 피해자인가? 누가 피해를 입었는가?'에 초점이 맞추어져 있다. 물론 바쁘고 정신없는 상황에서 이런 문제가 발생하면 회복적 생활교육을 실천하기가 어렵다. 그러나 시간과 업무에 쫓기지 않으면 대부분의 교사는 아이를 먼저 걱정한다.

응보적 관점의 교사는 유리창을 깬 아이를 찾은 뒤, '네가 잘못한게 뭐야? 뭘 잘못했어? 알기는 아니, 네 잘못을?' 등의 방법으로 대응한다. 그 아이가 어떤 규칙을 위반했는지 추궁하는 경향이 있다. 반면에 회복적 관점의 교사는 '네 행동으로 어떤 문제(어려움)가 발생했니?'라는 질문으로 아이들이 받은 피해부터 먼저 묻는다. 아이의 문제행동으로 어떤 피해가 발생했는지를 중요하게 생각한다. 회복적 관점은 비록 잘못을 찾고 책임을 묻는 데 시간이 걸리지만 한결 교육적인 접근이다.

잘못한 아이를 찾은 후 '어떤 처벌(징계)을 줄 것인가?'를 고민하거나 학생에게 '무슨 벌을 받을래? 깜지 쓸래? 청소할래?' 등의 질문을 한다면 응보적 생활지도다. 회복적 생활교육은 '요즘 무슨 힘든 일이라도 있니?'라는 질문으로 아이의 상황부터 파악한 후 '깨진 유리창은 어떻게 하면 좋을까?'라고 물음으로써 피해를 회복하고 책임을 지우기 위해 무엇이 필요한지 함께 찾는 과정을 거친다.

한 가지 사례를 들어 응보적 생활지도와 회복적 생활교육을 설명했지만 사실 교실에서는 이를 분명하게 나누기가 어렵다. 유리창을 깬 행위는 위험한 상황이므로 학급에 다른 아이들이 있는지 없는지에 따라, 또 가해 아이의 행동이 처음인지 반복적인지에 따라 판단이 달라질 수 있다. 교사들이 모든 상황에 대해 회복적 생활교육을 적용할 수 없고, 반대로 늘 응보적인 지도를 하지도 않는다. 교사들은 상황에 따라 다른 방법을 선택한다. 교실에서 좀 더 여유로워지면 보다 많은 교사들이 회복적 생활교육으로 관심과 초점을 옮길 수 있을 것이다.

패러다임의 변화, 회복적 관점으로

간혹 아이들이 '누구, 누구~'라는 식으로 고자질을 하기도 한다. 이런 아이들의 고자질은 응보적 생각으로서 친구가 처벌을 받기 원하는 마음이 드러난 것이다. 또한 아래와 같은 심리가 아이들에게 작용한다.

"그 녀석 때문에 내가 불편하므로 내 잘못은 없어! 모든 문제의 원인은 문제행동을 하는 그 녀석 때문이야. 문제가 많은 아이는 벌을 받는 게 당연해!"

늘 잘못한 행동을 야단맞고 처벌받아온 아이들은 친구가 왜 그런 행동을 하는지 그 친구의 상황과 이유를 알고 싶어 하지 않는다. 동시에 친구의 잘못을 고자질함으로써 자신이 그 아이보다 나음을 알린다. 자신이 잘못이 있는 친구를 도와주거나 돌볼 수 있음을 알지 못한다.

어떤 아이가 "희수 선도해야 돼요. 학교 폭력 열어야 해요. 이것도 잘못했고 저것도 잘못했고….."라고 말한다.

"희수 너 이리와! 좀 안 할 수 없니? 하루라도 사고를 안 치는 날이 없구나! 너 때문에 다른 애들 물들고, 수업 분위기가 나빠지잖아!"라고 교사가 반응하면서 아이의 잘못에만 집중하면 학급 전체가 그 아이를 싫어하고 거부한다. 이런 아이의 마음을 회복적으로 바꾸려면 어떻게 해야 할까? 교사가 어떻게 말해야 아이가 긍정적으로 변할까? 아래와 같은 대화가 한결 더 교육적이다.

"희수가 요즘 이상한 말과 행동을 해요. 엄마한테 야단맞고 혼났대요!"
"혹시 희수에게 무슨 일 있니? 그래 무슨 일로 야단맞았대? 속상했겠다. 이유가 뭐라니?"
"선생님, 희수를 어떻게 돕죠? 우리가 할 수 있는 일이 있을까요? 어떻게 하면 좋을까요?"

"어떻게 도와야 좋을지 고민해보자. 우리가 어떻게 도와야 할까?"

회복적 관점의 아이들은 학급의 한 아이가 싸움을 벌여 교사가 그 사실을 알게 됐을 때 이런 반응을 한다.

"희수가 요즘 많이 힘들 거예요. 우리도 희수 때문에 속상하지만 선생님이 조금 기다려주시면 안 될까요?"

'너는 죽었어! 너 때문에 우리도 야단맞게 생겼어! 우린 끝장이다'라는 말로 친구를 원망하는 응보적 관점 대신에 친구를 좀 더 이해하고 수용하려는 마음을 가진 아이들이 많아지기를 바란다.

아이들을 지도할 때 힘든 점이 있다면 무엇인가요?

• 문제행동을 하는 어떤 아이가 있을 때 일관된 벌을 주는 일이 힘들어요. 나의 상황에 따라 일관성이 변하는데, 정신이 없을 때와 여유가 있을 때의 처벌이 달라지죠. 문제행동이 많은 아이의 경우 그렇지 않

은 아이보다 벌을 더 줘요. 저도 감정이 상하니까요.

• 벌을 주면서 행동을 고치라고 해도 아이 행동에 변화가 없고 부모님
  도 대수롭지 않은 일처럼 여길 때 난감하고 힘이 빠져요.

• 문제행동을 하는 아이에게 너무 야단만 치는 거 같아서 오늘은 좀 잘
  해줬어요. 처음에는 잘하다가 다시 태도가 나빠지는 거예요. 이럴 때
  난감하고 힘들어요. 야단을 치면 그래도 조금이라도 나아지는데 제
  가 하루 종일 인상을 쓰고 있는 게 힘들어서 좋게 했더니….

상처와 갈등을 넘어 치유와 성장으로!

Part 2
회복적 생활교육을 위한
교실 상담

01
서클과 상담

서클과 상담의 특성

*

　서클은 사람들이 원으로 둘러 앉아 서로 이야기를 나누는 것으로서 집단상담과 같은 형태다. 방해받지 않고 각자 자신의 이야기를 할 수 있는 공간과 시간이 필요하다. 여럿이 함께 둘러 앉아 타인의 이야기를 듣는 과정은 상담과 비슷하다. 하지만 참가자의 심리적·정서적 문제를 치료하거나 해결해주려는 의도가 없다는 것이 상담과 다른 점이다. 서클은 질문에 대한 대답에서 아이의 심리적인 문제가 드러나도 상담처럼 자세하게 물으면서 치료하지 않는다. 아이의 말을 있는 그대로 듣고 수용한다.

　서클은 학급이나 소그룹으로 진행할 수 있으며, 놀이를 곁들인 구성으로 진행해도 좋다. 문제행동을 보이는 학생들을 위한 문제해결 서클이나 갈등해결 서클에서는 상담과 중재 능력이 필요하다. 이에 비해 학급 전체를 대상으로 하는 상담은 진행이 어렵다. 또래상담과 감정코칭 등을 진행할 때도 있으나, 주로 문제행동을 하는 아이를 위한 개인 상담이나 집단 상담을 한다.

서클과 상담이 구별되어 있지만 학교 현장에서는 두 가지를 상호 보완해야 한다. 서클에서 교사가 할 수 있는 영역을 벗어난 심리적 문제가 드러날 때에는 상담전문가에게 의뢰한다. 반복적인 친구관계 문제, 피해와 가해 학생의 갈등해결 과정에는 서클과 상담을 함께 진행할 때 효과적이다. 교사들도 교실에서 일어나는 작은 갈등은 서클을 통해 해결할 수 있다.

이 책은 일반 교사들이 학급의 아이들과 다양한 서클을 진행할 수 있도록 실제 사례, 서클 진행을 위한 질문과 팁 등을 제공한다. 아울러 문제행동을 하는 아이들을 이해하기 위한 이론도 포함되어 있다. 그러나 깊은 상담이 필요한 아이의 경우 전문 상담교사나 외부기관에 의뢰하여 문제를 해결하기 바란다.

교실 서클의 종류

✳

관계 개선이나 관계 형성을 위한 신뢰 서클은 이야기 나눔 서클, 이해 서클, 지원 서클, 축하 서클, 추모 서클 등 다양하다. '이야기 나눔 서클'은 다양한 관점에서 특정 문제나 주제에 대해 이야기하는 것인데, 모든 의견이 존중받는다. '이해 서클'은 갈등이나 어려운 상황의 여러 측면을 이해하는 것에 초점을 맞춘다. 주어진 주제에 대한 합의에 도달할 필요는 없다. '지원 서클'은 고통스러운 사건이나 삶의 큰 변화를 겪은 학생을 지원하기 위해 운영한다. 따라서 일정한 시기 동안 지속적으로 진행된다. '축하 서클'은 기쁨과 성취감을 나누기 위한 것이고, '추모 서클'은 개인이나 집단을 기리기 위해 모이는 것이다.

관계 변화와 회복을 위한 문제해결 서클에는 분쟁 당사자들이 모여 갈등을 해결하는 '갈등해결 서클'과 고통이나 트라우마(Trauma), 상실을 경험한 사람의 감정을 나누는 '치유 서클'이 있다.

학교에서는 조회나 종례, 방학 전후, 교과 첫 시간, 학급회의, 학생 문제행동, 학부모 총회 등 다양한 장면에서 교사가 적절한 방법, 인원을 선택해서 서클을 운영할 수 있다.

교실 서클의 치유적 의미

교실 서클은 상담처럼 치료에 직접 개입하지 않아도 치유효과가 있다. 아이들은 교실에서 선생님과 자신의 속내를 털어놓고 대화하는 자체를 행복해 한다. 함께 한다는 기쁨, 나누는 슬픔이 있으며 이를 통해 '우리는 하나'라는 마음이 생긴다. 교실 서클은 아이들이 자신의 이야기를 하는 장이다. 온전히 자신의 이야기를 할 수 있는 시간이고 자신의 이야기를 듣는 친구가 있다. 누군가의 관심을 받으면 부정적인 감정이 줄어들게 마련이다. 아이는 긍정적인 마음이 생기고 뭔가 모를 뿌듯함과 자신감이 생긴다.

그리고 서클은 친구의 이야기를 듣는 장이다. 친구의 입장을 이해하면서 마음이 넓어진다. 친구의 말을 들으며 '그럴 수밖에 없었겠구나!' 하는 이해심이 생긴다. 참을 수 없었던 친구의 말과 행동이 이해가 되고, 자기중심적으로 생각했던 오해가 풀리면서 스스로를 되돌아보도록 만든다. 자신도 모르는 사이에 나의 이야기를 털어놓고 친구의 이야기를 들으면서 위로와 지지를 받는 것이다. 서클 안에서는 옳거나 그른 답은 존재하지 않는다. 그래서 서클은 이해의 폭을 넓혀주고 상대를 수용하는 마음이 넓어지도록 만든다. 다툼이나 싸움이 줄어들 수밖에 없다.

아이들은 이야기를 나누면서 '나만 힘든 게 아니구나!'라는 위로를 받는다. '저 친구도 부모님 때문에 속상하구나!', '선생님은 이런 점이 힘들구나!' 등 타인을 수용하면서 치유가 일어난다. 서클은 긍정적 가치를 강화시키고, 자신이 친구와 선생님과 연결되어 있음을 깨닫도록 만든다. 학급 내에서 갈등이나 폭력이 발생했을 때 교실 서클은 대화를 통해 관계된 아이들이 서로 이해하는 시간을 갖게 한다. 그 속에서 자기 책임을 깨닫고 학급 공동체라는 가치를 만들어나간다. 결과적으로 방관자가 줄어드는 효과가 있다.

교실 서클 질문 만들기

먼저, 질문을 만들기 전에 서클을 통해 강화하고 싶은 부분 또는 주제를 설정하고, 대상과 장소를 정한다. 질문은 여는 질문, 주제 질문, 닫는 질문으로 구성한다. 여는 질문은 말 그대로 마음을 열 수 있는 가볍고 편안한 것으로 하되, 주제 질문과 연관된 것이면 더 좋다. 첫 질문은 선생님이 먼저 대답하고 토킹 스틱(Talking Stick)을 돌리는 것이 좋다. 참고로 토킹 스틱이란 아메리카 인디언들이 사용했다는 지팡이다. 여러 사람이 모여 회의를 하거나 대화할 때, 토킹 스틱을 가진 사람만 말하고 다른 사람들은 경청해야 하는 효과적인 대화 진행 룰이었다. 남의 말을 잘 안 들으려고 하는 아이들과 대화 시 토킹 스틱을 사용하면 효과적이다.

학기 초 아이들과 친근감을 형성하기 위한 서클의 여는 질문으로는 '월요일 등교할 때의 기분은?', '땡땡이 치고 싶은 수업시간은?', '오늘 우리 반에서 가장 재미있었던 일은?', '오늘 급식 중 가장 맛있게 먹은 음식은?' 등이 대표적이다.

주제 질문은 여는 질문보다 좀 더 깊이 있는 이야기를 함께 나눌 수 있는 내용으로 구성한다. 이는 서클 목적과 대상에 따라 달라질 수 있다. 앞의 여는 질문에 이어 진행하는 주제 질문의 예로는 '이전 학년에서 분위기가 가장 좋았던 때는?', '우리 선생님 하면 떠오르는 것은?', '우리 반의 별명을 붙여본다면?' 등이다.

닫는 질문은 서클을 마무리할 때 하는 질문이다. 서클 경험을 나누거나 자신을 성찰하고 자존감을 높일 수 있는 질문이 좋다. '오늘 서클을 마치면서 소감을 말한다면?', '서클을 마치고 집에 가서 하고 싶은 일은?' 등이 그 예다.

서클과 상담의 진행 방법

*

서클 시작 전 마음을 여는 시간을 가진다. 간단한 놀이나 질문으로 라포(Rapport), 즉 상호 신뢰관계를 다지는 것이다. 이는 집단상담 시작 전 간단한 놀이를 하는 것과 비슷하다. 그다음 진행 원칙을 제시한다. 기본이 되는 규칙 가운데 중요한 것은 '토킹 스틱'을 가진 사람만 이야기하고, 다른 아이들은 이야기에 끼어들지 않고 경청하는 것이다. 서클은 처음부터 끝까지 질서를 지키고, 서클에서 나온 이야기는 비밀을 유지해야 한다는 주의사항도 알려준다.

상담에서는 토킹 스틱을 사용하지 않고 자연스럽고 솔직하게 말할 것을 강조한다. 서클에서는 자신에게 토킹 스틱이 있을 때만 발언하며 남에 대해서가 아니라 자신의 의견이나 느낌을 정직하게 말하도록 지도한다. 발언을 원하지 않을 경우 토킹 스틱을 옆 사람에게 넘겨도 된다.

서클과 상담 진행자는 서클의 시작과 끝을 책임지고 참가자들이 집중하고 경청할 수 있도록 모임을 이끌어간다. 또한 진행자는 자유롭고 개방적인 분위기 속에서 서로 존중할 수 있는 분위기를 만들어야 한다. 상담자는 구성원의 치료에 필요하고 도움이 될 경우 이야기에 개입하거나 주도하지만 서클 진행자는 그렇게 하지 않는다. 질문을 하고 아이들의 이야기를 편안하게 따라가면서 흐름을 방해하지 않으면 된다. 이런 특성 때문에 교사들이 조금은 편안하게 서클을 진행할 수 있다.

아이들은 자신의 마음을 말로 표현하는 일도 친구들의 이야기를 듣는 일도 힘들어한다. 참가에 소극적인 아이들의 특성을 인정해야 한다. 처음엔 친한 아이들 몇 명을 묶어 소그룹 서클을 진행한 후 학급 전체로 넓혀가면 효율적이다. 아이들이 서클에 익숙해지고 적응할 시간이 필요하다. 소그룹 서클이 재미있었다는 이야기가 아이들 사이에 돌면 다른 아이들도 서클을 하고 싶은 마음이 생긴다. 이처럼 아이들의 자발적인 자세가 적극적인 서클 진행의 밑거름이 된다. 서클 진행에 큰 의미를 두기보다 처음에는 편안하게 수다를 떤다는 가벼운 마음으로 시작해야 아이들이 더 좋아한다. 교사들이 의도를 가질수록 서클은 꼬이게 마련이다.

서클을 진행할 때 말하고 싶지 않다고 패스하거나 친구의 말에 딴지나 걸고, 다른 행동을 하면서 이야기를 안 듣고 떠드는 아이들이 늘 있게 마련이다. 이는 당연하고 자연스러운 현상이다. 이럴 경우 그렇게 하지 말라는 주의를 주고 규칙을 한 번 더 주시시킨다. 산만한 아이들의 태도에 교사가 화를 내거나 심한 야단을 치면 서클 진행이 어려워지고 하지 않은 것보다 못한 상황이 연출될 수 있다. 가령, '가장 싫어하는 과목은?'이라는 질문에 한 아이가 '수학'이라고 대답했는데,

옆 아이가 '넌 국어시간에도 잠만 자잖아!'라고 말할 수도 있다. 이 경우 아이들에게 서클에서는 비난이나 비판하지 말아야 함을 설명한다. 서클은 자신의 말을 들려주고, 다른 사람의 말을 듣는 시간이라는 점을 알린다. 처음에는 어렵지만 진행하다 보면 아이들 스스로 규칙을 터득한다. 교사의 생각과는 다른 답이 나올지라도 아이들과 자신을 믿고 흐름을 따라가보자. 사실 교사가 원하는 답이 없어야 아이들이 즐겁게 참여한다.

서클에서 사용하는 질문 내용과 진행은 아이들의 수준과 학급 분위기에 따라 다르게 구성하면 된다. 학급 분위기와 학생들의 듣기, 말하기 수준을 고려해서 질문을 준비한다. 이 책에서 소개하는 진행 팁은 절대적인 것이 아니다. 각 학교 현장에서는 더욱 다양한 상황들이 나타날 수 있다. 따라서 여기에 소개된 진행 팁들은 참고하면 하자. 실제 진행에서는 다양한 질문들이 나타난다. 질문이 어떤 것이든 간에 아이들의 서클 진행과 참여에 의미가 있다. 서클 진행과 아이들의 대답, 참여에도 정해진 답은 없다.

아이들과 서클을 진행해볼 계획이 있나요? 어떤 아이들과 어떤 주제를 가지고 서클을 진행할지 생각해보세요.

학교 현장에서 서클을 진행해본 선생님들의 솔직한 생각

• 학급 전체로 이야기를 나누고 싶어서 간단한 질문으로 이야기를 시작하려는데 '아, 재미없어!'라고 말하는 아이가 있는 거예요. 순간 화가 났지만 참았죠. 오늘 등교할 때 누구를 만났냐는 질문을 하니까 생각이 안 난다면서 패스를 하는 아이도 있었는데 그냥 지켜봤어요. 이야기를 모두 하고 나서 소감을 물으니까 어색했다는 말도 있었고 재미있었다는 아이들도 있었어요. 그냥 그랬어요, 하는 아이도 물론 있었죠. 힘들었지만 해보니까 아이들이 좀 더 잘 이해됐어요. 다음에 또 진행해보려고요.

• 저는 몇 명의 아이들과 소그룹으로 서클을 진행해보았는데, 아이들이 생각보다 열심히 참여했어요. 다른 것에도 잘 참여하지 않는 아이한테는 그냥 앉아 있으라는 말만 했더니 얌전히 앉아서 친구의 이야기에 관심을 갖고 듣더라고요. 다른 아이 말에 딴지를 거는 아이한테는 주의를 줬는데, 제 기분이 나빴어요.

교실 서클
진행 사례

• 화장을 많이 하는 초등학교 6학년 여학생들과 함께하는 서클 •

여는 질문(마음 열기) – 화장에 대한 가벼운 질문

- 화장을 처음 해본 건 언제니?
- 무엇 때문에 화장을 하게 되었니?
- 처음 화장을 했을 때 주위의 반응은 어땠니?
- 화장을 하고 나서 거울을 보면 자신의 모습은 어떠니?
- 화장을 하지 않았을 때 자신의 모습은 어떠니?

주제 질문(마음 돌보기) – 화장과 자신의 존재감에 대한 질문

- 자신의 외모 중 가장 자신 있는(예쁘다고 생각하는) 곳은?
- 자신 없거나 마음에 들지 않는 부분은 어디이고, 그 이유는?
- 외모 중에서 마음에 안 드는 부분은 어떻게 하고 싶니?
- 외모 중에서 어느 부분을 바꾸고 싶니? 그 이유는?
- 화장을 하면 좋은 점과 불편한(나쁜) 점은?
- 자신이 보기에 우리 반(또는 학교)에서 가장 예쁜 친구는?
- 외모에 대해 어떤 말을 들을 때 기분이 좋니?
- 외모를 비난하는 말을 들을 때의 기분은?

Tip 교사가 화장에 대해 부정적인 생각을 갖고 이를 교정하겠다는 생각으로 서클을 진행하면 어려워진다. 교사의 판단은 잠시 접어둔 채 아이들이 화장에 대해 스스럼없이 말하도록 분위기를 마련해주는 것이 좋다. 위의 질문 중에서 분위기에 맞는 적절한 것을 골라 서클을 진행해보자.

• 흡연하는 중학교 3학년 남학생들과 함께하는 서클 •

여는 질문(마음 열기)

• 언제부터 담배를 피웠니?(그때로 돌아간다면 어떻게 하고 싶니?)

• 흡연의 좋은 점은 무엇이고 나쁜 점은 무엇이니?

주제 질문(마음 돌보기)

• 언제 담배를 피우고 싶니?

• 담배를 끊고 싶을 때가 있니?

• 금연을 시도해본 적은 있니? 끊지 못하는 이유는?

• 너의 흡연에 대해 부모님은 어떻게 생각하시니?

• 너의 흡연에 대해 선생님이 어떻게 해주는 게 좋을까?

닫는 질문(자존감 up)

- 오늘 친구들, 선생님과 흡연에 대해 이야기를 나누어본 소감이 어때?

Tip 이 주제는 교사가 아이들의 흡연에 대해 비난하지 않을 자신이 있을 때 도전하는 게 좋다. 교사가 아이들을 가르치고 훈계하려는 마음이 생겼을 때 자제하지 않는다면 서클은 오히려 역효과가 날 수 있다. 서클에서 나온 아이들의 솔직한 이야기가 문제되어 징계나 처벌로 이어져서는 안 된다. 흡연에 대한 치료나 금연은 다른 교육 장면에서 이루어져야 한다.

● ● ●

• 사이가 좋지 않아 티격태격하는 여학생들과 함께하는 서클 •

여는 질문(마음 열기)

- 나는 이럴 때 친구가 좋다.
- 이럴 때 친구가 불편하다.

주제 질문(마음 돌보기)

- 친구의 모습 중 마음에 들거나 부러운 부분은 무엇이니?
- 친구의 모습 중 마음에 안 들고 싫은 부분은 무엇이니?
- 마음에 안 드는 친구가 있을 때 어떻게 행동하는 편이니?
- 나를 욕하는 친구가 있다는 이야기를 들었을 때의 기분은?
- 친구가 힘들어할 때 (또는 따돌림을 당할 때) 어떻게 하니?
- 친구로부터 소외당하는 느낌이 들 때는 기분이 어때? 이때 친구들이 (또는 선생님이) 어떻게 해주기를 바라니?

닫는 질문(자존감 up)

- 오늘 새롭게 알게 된 자신의 친구관계 스타일은 무엇이니?
- 친구들과 잘 지내기 위해 나에게 필요한 걸 한 문장으로 표현한다면?

02
요즘 아이들의 심리행동적 특성

- -

문제행동을 일삼는 아이

학급에 문제행동을 하는 아이가 있을 때 교사들은 '그 아이가 다른 애들에게 피해를 준다. 그 애 때문에 다른 아이들이 손해를 본다'고 걱정한다. 실제로 피해를 주는 경우도 많다. 피해를 준다는 이유로 우리가 그 아이를 밀어낸다면 문제가 해결될까? 그 아이를 다른 학급이나 학교로 보낸다고 해서, 그 아이와 함께 살아가지 않는 건 아니다. 어차피 그 아이와 우리는 같은 시대, 한 나라 안에서 살아간다. 우리는 문제를 함께 극복하고 그 아이와 함께 잘 살아내야 한다. 이것이 우리가 교실에서 그 아이를 수용해야 하는 이유다. '내 옆에만 없으면 돼! 나만 아니면 돼!'가 아닌 것이다. 이런 생각에도 불구하고 많은 교사들은 끊임없이 포기하고 싶고, 학부모의 반발이 있을 땐 모든 걸 멈추고 싶은 유혹도 느낀다.

정해진 답이 없어 더욱 어려운 아이들을 만날 때, 교사가 어떻게 그런 아이의 문제행동을 고치고 도와줄 것인지, 어떻게 하면 그 아이와 더 잘 지낼 수 있을지를 고민해보자.

산만하고 자유분방한 아이

교실에 바른 자세로 조용히 앉아 수업을 듣거나 활동을 하는 아이들을 찾아보기 힘들다. 아이들은 쉴 새 없이 움직이고 손과 발을 가만히 두지 못하며, 끊임없이 떠들어서 교사들의 혼을 빼놓기 일쑤다. 아이들은 자신들이 좋아하는 활동에 집중을 하더라도 그 시간이 짧다. 야단을 쳐도 잠깐 멈추었다가 다시 시작한다. 산만함과 부산스러움이 유치원과 초등 저학년 아이들의 특성이었지만 지금은 중학생이 되어도 정신없이 산만하다. 교사와 부모는 정리정돈이 안 된 책상이나 방, 그리고 옷을 아무렇게나 벗는 아이들의 모습을 이해할 수 없다. 음악을 들으면서 공부하거나 끊임없이 몸을 움직이는 일, 교사가 설명을 하는데 딴짓을 하거나 불쑥불쑥 다른 소리를 하는 것도 용납하기 힘든 아이들의 모습이다.

아이들의 산만함은 긍정적인 모습으로 나타나기도 한다. 많은 아이들은 자유롭기 때문에 창의적이고 적극적이며, 활동적이다. 환경이나 시대의 흐름에 민감하고 주도적으로 삶을 살려는 경향도 있다.

분노와 공격성, 폭력성을 가진 아이

*

많은 아이들은 분노를 자제하거나 통제하는 힘이 약하다. 자신의 감정을 공격적인 방법이나 폭력적으로 표출하는 경향도 있다. 부모나 학교, 그리고 사회는 아이들이 화를 내는 모습을 부정적으로 평가한다. 그러나 자신의 감정을 건강하게 표현하거나 해소하는 일에 대해서는 가르치지 않는다. 분노 폭발에 대해 많은 이야기를 하지만 조절에는 무관심한 것이다. 어릴수록 아이들은 분노를 학교에서 터뜨린다. 과거에 비해 체벌이나 매에 대한 면역력이 약한 아이들은 체벌이나 매를 견디기 힘들어한다. 응보적 생활지도의 벌이 통하지 않는 이유이기도 하다. 또한 요즘 아이들 중 상당수가 좌절 경험이 없어서 분노를 폭발하는 일이 많다. 어릴 때부터 귀한 아이 대접을 받으면서 성장했고 부모와 조부모는 아이가 좌절할 기회를 주지 않는다.

늘 자신의 뜻대로 욕구를 해소한 아이들은 감정 통제와 조절을 배우지 못한다. 유치원에 들어오면서 아이들은 조직의 통제로 첫 좌절을 경험하지만 그마저도 학부모의 큰소리에 묻혀 좌절을 극복해내는 경험을 해보기 어렵다. 욕구와 감정조절을 하지 못하는 아이의 문제는 초등학교 때 심각해지고 이후 청소년기에는 사춘기와 맞물려 감당하기 어려워진다. 자신 때문에 타인이 피해를 본다는 생각조차 하지 못하고, 자신을 통제하려는 교사에게 분노한다. 학부모들은 자신의 아이를 좌절시키려는 학교와 교사에게 불평불만을 터뜨리거나 안하무인으로 대응한다.

자존감이 낮고 무기력한 아이

✱

아이들은 스스로 무엇인가를 알아내고 성취하면서 인정받으며 자신을 긍정적으로 자각한다. 좋은 점을 칭찬하기보다는 부족한 점을 야단치고 더 많은 능력을 요구하는 부모를 둔 아이들은 자신을 낮게 평가하는, 즉 낮은 자존감을 갖는 경향이 있다. 부모는 불안과 걱정의 눈으로만 아이를 대할 뿐, 아이 스스로 성취감을 느낄 기회나 도전은 제공하지 않는다. 아이가 조금씩 도전하고 성취하는 모습을 부모는 기다려주지 못한다.

자존감이 낮은 아이들은 스스로 활동하는 것을 주저하고 정신적으로도 건강하지 못하다. 낮은 자존감은 무기력으로 이어진다. 아이들이 무기력한 또 다른 원인은 성장과 실패를 경험하기 전에 부모들이 모든 것을 결정하고 해결해주는 데에 있다. 안타깝게도 독립적으로 문제를 해결하지 못하고 무기력하며 의존적인 아이들이 많아지고 있다. 이런 아이들이 어른이 되면 어떻게 될까? 독립적인 인격체로 살아갈 수 있을까?

지나치게 외모에 관심이 많은 아이

✱

어려서부터 화장을 하는 아이들을 보면서 교사들은 왜 그러는지 이해할 수 없고 피부가 상하는 것을 안타까워한다. '화장을 안 하는 게 더 예쁜데 왜 저럴까?' 하고 걱정한다. 아이들이 화장을 하는 이유 역시 몸에 대한 자존감이 낮기 때문에 발생한다. 물론 여성의 아름다움에 대한 사회적 판단이 한몫 거들기도 한다. 여자 아이들의 화장은 초등학교 때는 개인차가 있으나 학년이 올라갈수록 대부분의 아이들이 비슷해진다. 간혹 화장을 안 하는 아이가 소외되거나 이해받지 못할 때가 있다. 아이 스스로 자신의 선택과 취향에 당당하면 문제가 없지만 그렇지 않을 경우 힘들어한다. 내키지는 않지만 화장을 해야 친구와 지낼 수 있기 때문에 화장을 하는 아이들도 있다.

많은 아이들, 특히 여자 아이들은 다이어트를 한다면서 잘 먹지 않기도 한다. 단 음식을 잘 먹지 않으며 살을 뺀다고 굶기도 한다. 건강에 나쁘다는 걸 알더라도 매체에 등장하는 연예인이나 다이어트에 대한 인터넷의 유혹을 아이들이 이겨내기가 어렵다. 대부분의 아이들은 몸무게와 키의 비율에 상관없이 자기가 살이 쪘다고 생각한다. 탈(脫) 코르셋 운동이나 바디 포지티브(Body Positive)를 위한 사회적 분위기가 더욱 더 활성화되었으면 하는 마음이 크다.

지나치게 어릴 때부터 아이들은 자신의 외모와 신체를 부정적으로 생각하고 자신의 모습 그대로 수용하려 들지 않는다. 어른들과 사회가 만들어놓은 기준에 맞추어 화장하고 몸매를 가꾸려는 아이들을 보면 안타깝다.

아이들의 개방적인 성(性) 의식과 욕설

아이들이 자신이 좋아하는 이성 친구에게 마음을 표현하고 그 과정에서 이성과 사귀거나 거절당하는 일은 자연스러운 현상이 되었다. 100일을 교제하면 오래 사귄 것이라는 인식이 요즘 아이들의 연애관이다. 사귄 일수와는 상관없이 신체 또는 성적인 접촉을 할 수 있다는 것 또한 아이들의 생각이다.

과거에는 욕을 하는 아이들이 문제라는 인식이 있었다. 그런데 요즘 아이들의 대화는 곧 욕이다. 심지어 웃으면서 욕하고 욕이 없으면 대화 자체가 안 되기도 한다. 이를 이상하게 여기지도 않는다. 오죽하면 '10대는 말에 욕을 섞는다기보다는 욕에 말을 섞는다'고 할까? 요즘 아이들에게 욕은 일상 언어이자 의성어다.

인터넷, 스마트폰에 빠진 아이들

교사와 부모들은 학생이 하는 컴퓨터, 인터넷, 스마트폰을 무조건 부정적인 것으로만 생각하여 사용 시간을 통제하거나 접촉을 차단한다. 아이들에게 컴퓨터는 자신의 시간을 즐기는 놀이 기구인 동시에 친구와 소통하는 통로다. 게임을 하면서 친구를 만나고 채팅을 통해 친구를 사귀거나 약속을 정하며 유튜브를 보면서 자신에게 필요한 정보도 얻는다. 아이들은 웹툰이나 인터넷 소설 작가, 일러스트레

이터, BJ 등 다양한 영역에 적극적으로 참여하여 흐름을 만들어간다. 아이들의 인터넷 활용 능력은 교사나 부모가 생각하는 그 이상이다.

인터넷, 스마트폰에 몰입하면 일상생활에서 만나는 친구들과 소원해지거나 게임에 중독되고 현실과 가상의 세계를 구별하지 못하는 문제 등이 발생한다. 이로 인해 많은 학생들이 중독 치료를 받고 있으며, 인터넷 사용과 심리적인 문제가 맞물려 치료가 더뎌지기도 한다.

인터넷이나 스마트폰에 중독된 아이들은 지각, 조퇴, 결석 등 학교생활 부적응이 나타나고 부모와의 갈등도 잦다. 가상 세계에 집착하면서 대화가 단절되거나 현실의 친구관계에 무관심해지기도 한다. 일상생활에서 공부나 운동 등으로 자신의 존재감을 찾지 못하는 아이들이 인터넷 게임을 통해 자신감을 갖기도 한다. 돌봐주는 어른이 없는 아이들은 인터넷에 노출되는 경향이 강하다.

많은 부모들은 아이가 컴퓨터나 게임에 왜 빠져 있는지 이유를 알지 못한 채, 아니 관심을 두지 않은 채 사용 시간을 통제하거나 컴퓨터를 차단하는 데에만 힘을 쏟는다. 그러다가 아이와 감정적으로 부딪치거나 다투게 된다. 컴퓨터를 차단당한 아이들은 PC방으로 간다.

많은 참견과 지시 대신 아이와 대화하고 일상생활에서 스스로 컴퓨터를 통제하는 능력을 길러주어야 한다. 1시간 동안 컴퓨터를 하라고 했을 때 그렇게 했다면 칭찬하고 믿어주어라. 1시간 10분간 컴퓨터를 했다는 아이한테 10분 더한 것을 두고 소리부터 지르기보다는 사실대로 말한 것을 칭찬하라.

생각해
보기

선생님이 학생이나 학부모와 SNS(카톡, 밴드, 페북)를 하면서 겪는 어려움
이 있었나요?

생각
나누기

• 저는 학부모님들이 밴드를 만들자고 하는데, 두려워서 안 하고 있어
  요. 과도한 간섭이나 요구 등이 부담스럽고 망설여져요.

• 시도 때도 없이 톡을 해서 괴로워요. 별것 아닌 이야기를 주말이나
  밤에 할 때는 화가 나고 탈퇴하고 싶어요. 단톡방을 괜히 만들었다는
  생각도 들어서 내년에는 안 하려고요.

• 한꺼번에 연락할 수 있는 장점, 알림장을 적지 않는 장점은 있어요.
  저는 부모끼리 나누는 이야기는 직접 질문하지 않으면 모른 척해요.
  어떤 부모는 보험영업도 하더라고요. 난감하면서도 짜증이 나요.

● ● ●

• 스마트폰 이용에 관한 교실 서클 진행 사례 •

오늘 모임(서클)에 대한 간단한 안내

Q 오늘은 친구들과 스마트폰 이야기를 해보려고 해. 너희는 스마트폰으로 게임을 많이 하고 즐거워하는 것 같아. 오늘 모임은 규칙이 있는데, 선생님이 지금 들고 있는 토킹 스틱을 가진 사람만 말할 수 있어. 다른 친구들이 이야기할 때에는 잘 들어야 해. 그리고 여기서 하는 이야기는 비밀을 지켜줘야 해. 선생님이 질문을 하고 나서 생각할 시간을 30초 정도 줄 거야. 생각할 시간을 주는 이유는 친구의 이야기를 잘 듣기 위해서야. 생각이 끝나면 토킹 스틱을 가진 친구가 이야기를 시작하고 끝나면 토킹 스틱을 돌리면 돼. 그럼 시작할게. 물론 선생님도 대답을 할 거야. 혹시 다른 질문 있니?

A 전 게임 별로 안 하는데요.

Q 그래? 그럼 그것에 대해 이야기를 나누면 되지 않을까?

여는 질문

Q 내가 스마트폰으로 가장 많이 하는 것은 무엇인가요?

A 주로 게임을 많이 해요. 유튜브로 동영상 봐요. 덕후질을 해요 등.

주제 질문

Q 게임을 언제 무엇 때문에 시작했나요? 하루에 몇 시간 정도 게임을 하나요?

A 저는 2학년 때부터 많이 했어요. 하루에 2시간 정도 해요. 별로 안 해요. 전 유치원 때부터 집에 혼자 있어서 했어요. 전 최근에 친구와 함께 게임을 하니까 재미있어서 하게 됐어요 등.

Q 스마트폰이 내 생활에 미치는 좋은 점이나 나쁜 점은 뭘까?

A 좋은 점은 심심하지 않고 친구랑도 친해져요. 시간이 잘 가요. 밤에 늦게 자요. 아침에 일어나기 힘들어요. 엄마 아빠한테 야단을 맞아요. 엄마가 핸드폰을 빼앗으면 힘들어요. 안 하면 친구들과 할 이야기가 없어요 등.

Q 스마트폰 시간을 줄이고 싶을 때가 있나요?

A 너무 늦게 잤을 때. 내 아이템을 누군가에게 빼앗겼을 때요. 게임을 할 때 모르는 형이 욕하고 나가버릴 때요. 엄마한테 혼날 때요 등.

Q 스마트폰을 하지 않으면 내 생활은 어떨까요?

A 무지 심심해서 재미없을 것 같아요. 엄마한테 혼나지 않아요.

닫는 질문

Q 스마트폰에 대한 이야기를 마치면서 드는 생각은 무엇인가요?

A 친구랑 이야기하니까 재미있어요. 사용 시간을 좀 줄여야겠어요. 저는 계속 하고 싶어요. 지금도 게임을 하고 싶어요 등.

● ● ●

• 스마트폰(인터넷) 사용에 대한 교실 서클 실습 •

서클의 목적

•

여는 질문

•

•

주제 질문

•

•

•

•

•

•

•

•

닫는 질문

•

•

•

문제행동을 바라보는 교사의 관점

＊

아이의 문제행동에만 초점을 맞추어 개선과 변화만 강조하면 아이와 관계가 나빠진다. 문제행동을 하게 된 원인 파악보다 드러난 행동만 바꾸려고 하기 때문에 발생하는 갈등이다. 교사가 아무리 애를 써도 아이가 잘 따르지 않으면 해당 아이를 포기하고 좌절하기도 한다. 쉽지 않지만 시간이 걸리더라도 아이가 언제부터 무슨 이유 때문에 그런 행동을 하게 되었는지에 관심을 가져야 한다. 그 과정에서 아이의 삶이 보이고 아픈 마음이 느껴진다. 아이가 바꿀 수 없는 부모의 심리적 문제와 성향, 가정환경 등도 접하게 된다. 이런 경험은 조금 더 여유 있게 아이를 바라보고 기다릴 수 있도록 만든다. 아이를 찬찬히 깊게 바라보면 문제행동이 성장과정에서 일어나는 현상인지, 상담이 필요한 일인지 또는 정신과 치료가 필요한 심각한 문제인지를 알 수 있다. 결과적으로 아이의 삶과 가까워지면 문제가 해결되고 함께 성장할 수 있다.

문제행동을 하는 아이를 바라볼 때 '주목받으려고 저러는 거야. 마치 관종 같아'라는 생각이 든다면 '그 아이뿐만 아니라 모든 아이가 주목받고 싶어 한다'라는 식으로 생각을 바꿔보도록 하자. 생각을 바꾸면 조금 더 편안해진다. 교사의 말을 안 듣고 자기 고집만 부리는 아이가 있다면 '사람은 누구나 자기만의 방식을 원한다'는 생각이 교사 자신을 진정시키는 데에 도움이 된다. 아이의 문제행동 원인이 부모에게 있다는 생각이 들 때 또는 그 아이의 형(언니)도 문제 아이와 똑같았음을 알았을 때에도 '부모 탓이나 유전자 문제가 아닌 다른 요인이 있을 거야!' 하는 마음을 갖고 교사가 도울 수 있는 일을 찾아보자.

태도가 늘 바르고 모범생인 A가 있다고 해보자. 늘 조용하고 곧은 자세로 수업을 듣는 A를 교사들은 괜찮고 성실한 아이라고 입에 침이 마르도록 칭찬한다. 어느 날 A와 B가 큰 소리로 싸웠다. 예쁘고 착한 A를 건드린 상대 아이 B는 괘씸죄에 걸린다. 당연히 B가 벌을 받아야 한다. 모범생 A를 건드린 B가 모든 것을 잘못했을 테니 말이다. 대부분의 교사는 착하고 모범적인 A 편을 든다. 물론 올바른 판단일 수도 있다. 가만히 있는 A를 건드린 B가 잘못했을 수 있다. 그러나 교사가 없는 상황, A가 친구들과 있을 때에는 전혀 다른 모습을 보일 수도 있음을 우리 모두는 놓친다.

교사의 입장이 아닌, A 입장에서 바라보자. 틀에 박힌 행동을 하는 A는 자신이 만든 틀 안에서만 행복할 수 있다. 규칙을 어기는 아이나 반항을 하는 아이를 이해하지 못한 채 자신의 강박적인 경향 때문에 행복하지 않을 수도 있다. 융통성 측면에서 바라볼 때 이 아이는 문제가 있을 수 있다. 겉으로 드러난 모습으로만 아이를 판단하면 이면을 놓치는 오류가 나타날 수도 있음을 알아야겠다.

요즘 아이들과 교사

• **교사의 바운더리와 문제행동**

바운더리(boundary, 틀)는 자신이 경험한 삶을 토대로 형성한 삶의 경계, 경험의 폭을 의미한다. 사람은 각자의 바운더리를 가지고 있다. 이는 삶의 방식과 생활, 그리고 인간관계에 영향을 미친다.

수업시간에 아이들의 작은 흐트러짐이나 소곤거림도 용납하지 않는 교사, 학생은 교사의 말을 따라야 한다는 생각을 가진 교사는 학생을 바라보는 좁은 바운더리를 갖고 있다. 친구를 무슨 이유로 괴롭히는지 묻지 않고 괴롭히지 말라고 야단치는 것 역시 교사의 좁은 이해심을 뒷받침한다. 아이들의 문제행동이 성장하면서 변화 가능하고, 문제행동 이면에 아이의 긍정적인 면이 있음을 볼 수 있는 교사가 학생의 행동을 수용하는 틀이 넓은 교사다.

• **자신의 바운더리를 넓히는 교사**

교사의 바운더리가 넓어야 문제행동을 하는 아이에 대한 이해심이 커지고 그 학생과의 갈등도 줄어든다. 더 넓은 바운더리로 아이들을 바라볼 때 교사 자신도 편안해진다. 문제행동을 바라보는 교사의 바운더리에는 아이의 행동 변화에 대한 것도 포함된다.

'문제행동을 하는 아이에게 최선을 다했는데, 나아지는 게 없다'고 생각이 들면 한 발 물러나 기다려야 한다. 때로는 적절한 거리를 유지할 때 학생에게 변화가 일어나고 교사도 버틸 수 있다. 많은 교사들은 이를 포기라고 생각하지만, 이건 포기가 아니라 아이를 지켜보는 여유와 기다림이다. 자책할 필요 없다. 아이들의 문제행동은 성장통이기 때문에 시간이 지나면서 저절로 해결되는 일들이 많다. 아이들과 심리적인 거리를 유지하기 위해서는 아이들 스스로 자라도록 두어야 한다. '자라게 둔다'는 것은 방치가 아니라 성장의 자율성을 인정하는 것이다. 아이 스스로 성장할 기회를 주는 것이다.

아이의 문제행동은 고쳐야 하지만 그 이유가 교사 자신의 바운더리 때문이라면 다른 방법을 찾아야 한다. 잘못한 아이에게 처벌을 가해서 문제를 고칠 수 있다면 간단하지만 현실은 그렇지 않기 때문에 많은 교사들이 고민하고 힘들어한다. 문제행동을 일으키는 원인과 상황을 고려하고 대처해보자! 아이를 공감하고 이해한 후 야단을 쳐도 늦지 않다. 지켜보는 시간이 길어지고 인내의 시간이 늘더라도 선생님 몇 명은 아이의 변화를 하염없이 기다려줘야 하지 않을까 싶다. 늘 해왔던 아이들의 잘잘못을 따지는 방법은 잠깐 접어두고 바운더리를 넓히기를 바라는 마음으로 이 글을 쓴다.

생각해
보기

선생님이 이해되지 않는, 견디기 힘든 요즘 아이들의 특성이 있다면 무엇인가요?

생각
나누기

- 수업시간에 산만하게 움직이는 아이들은 보기 싫어요. 친구들에게 방해가 되니까요.

- 5학년 담임 시절, 한 여자 아이가 중학생 언니를 따라한다면서 늘 화장을 하고 틴트를 바른다고 했을 때 싫더라고요. 아이의 엄마도 대수럽지 않게 생각하고, 어떻게 해야 좋을지 난감하더라고요.

- '못하겠어요', '어떻게 하는 건데요'라면서 뭐든 안 하겠다고 말하는 아이가 힘들어요. 어떻게 해야 좋을지 모르겠더라고요. 한편으로는 밉기도 해요.

- 저는 욕을 하는 아이들이 힘들어요. 듣도 보도 못한 욕을 하는 아이를 보면 기가 막히더라고요. 집에서 배운 것 같기도 하고요. 야단을 쳐도 그때뿐이고요. 제가 없는 데서 욕을 하고 아이들도 따라하는 거 같아 걱정이에요.

- '왜 저한테만 그러세요, 쟤도 그랬다고요!'라고 대드는 아이를 어떻게 해야 좋을지 모르겠어요. 자기 잘못을 인정하지 않는 모습을 보기 싫어요.

상 처 와 갈 등 을 넘 어 치 유 와 성 장 으 로 !

Part 3
문제행동 유형별
교실 상담

01
ADHD란 이름으로

ADHD(주의력결핍과잉행동장애) 이해하기

여러분은 어떤 시각으로 ADHD 아이를 바라보는가?

"네가 늘 문제야! 너 때문에 살 수가 없어! 너 때문에 많은 아이들이 피해를 보잖아!"

"넌 독특한 아이야. 남다른 재능이 있어. 에너지가 넘쳐. 좋은 점이 많은 아이야!"

'주의력결핍과잉행동장애' 행동을 보이는 아이들과 잘 지내기란 쉽지 않다. 우선 그런 아이들의 행동 특성부터 교사가 알고 있어야 한다.

• 문제행동의 특성

ADHD 아이들은 아래에 나열한 것처럼 부주의한 모습을 보인다.

- 마음이 다른 곳에 가 있고 듣지 않은 것처럼 행동한다.
- 또래만큼 주의를 집중하지 못하거나 자기 차례를 기다리지 못한다.
- 준비물이나 숙제를 잘 잊고, 정리정돈이 안 되며, 물건을 잘 잃어버린다.
- 규칙이나 지시를 따르지 못하고, 과잉행동을 한다.
- 자리에서 자주 일어나며, 의자에서 몸을 자꾸 움직인다.
- 수업시간에 손을 두드리거나 발과 다리를 흔든다.
- 식사나 공부를 할 때도 시끄럽고 충동적인 모습이 강하다.
- 친구의 말을 끊고 자기 말만 할 때도 있다.
- 빠르게 대답하거나 움직이고 다른 친구를 방해한다.
- 자신의 잘못을 잘 알지 못하며, 다른 친구의 물건을 함부로 만지기도 한다.

위에서 제시한 부주의, 과잉행동, 충동증상이 12세 이전에 나타나고 이런 증상이 학교, 집, 학원 중 두 곳 또는 그 이상에서 나타난다면 ADHD로 진단받을 가능성이 높다. ADHD 아동으로 진단할 때 유의할 점이 있다. 정서적으로 불안하거나 우울한 아동도 안절부절못하고 주의가 산만하며 가만히 있지 못할 수 있다. 주의산만과 충동성, 과잉행동이 가정, 학교, 학원 등 두 곳 이상의 장면에서 나타나야 한다. 학교나 집 등 특정한 곳에서만 이런 모습을 보인다면 장소의 문제일 수 있다. 이 증상은 주로 지속적인 주의나 노력이 요구되는 상황, 관심을 끌 만한 것이 없는 곳에서 나타난다.

ADHD 아동 중 공격성이 함께 있는 경우는 있지만 공격성과 폭력성은 ADHD의 필수조건은 아니다. ADHD 아이들은 인지 기능이 떨어지지는 않는다. 오히려 다른 아이들보다 뛰어난 경우도 있다. 한편 학교나 집에서 부정적인 평가나 처벌을 자주 받음으로써 자존감이 떨어지고, 그 결과 기초학습이 부진한 ADHD 아이들도 있다.

• 약물치료 및 병리적 진단에 대한 다양한 생각들

ADHD를 뇌질환으로 보는 관점에서 약물은 치료효과가 있다. 약을 복용 중인 ADHD 아이들은 조용히 앉아서 집중을 잘하며, 문제행동을 더 적게 나타낸다. 약물치료 덕분에 부모와 교사는 ADHD 아이 관리에 동반하는 스트레스에서 벗어날 수 있다.

물론 반대 의견도 만만치 않다. 뇌질환이 아니라고 보는 입장에서는 약물사용에 의문을 제기한다. 불면증, 두통 등의 문제가 나타날 수도 있다. 아이가 갖고 있는 근본적인 문제를 약물로만 해결할 수 없으며, 약을 먹은 행위 자체가 자신을 신뢰할 수 없다는 메시지로 인식되어 자아존중감 손상을 초래할 수도 있다. 간혹 학급에서 약을 먹는 ADHD 아이가 보이는 무기력한 모습 때문에 마음 아파하고 안타까워하는 교사들을 만나곤 한다.

독특한 ADHD 아이

ADHD 아이들이 가진 특징들을 장애로 보는 것은 하나의 관점에 불과하다. 다른 아이들과의 차이가 장애는 아니다. 어쩌면 남다른 재능을 가지고 있거나 차이점이 없는 다른 아이들보다 더 낫다는 것을 의미할 수도 있다. 이 아이들은 뛰어난 상상력을 가졌기에 풍부하고 기발한 아이디어를 낸다. 창의적이고 신기한 방식으로 몰입하여 문제를 해결한다. 과잉행동은 높은 에너지 수준을 의미하는데, 남들보다 더 높은 수준의 에너지와 활동을 가지고 있다. 따라서 혈기가 왕성하다. 또한 이들은 자연친화적이고 생태 의식이 높다. 이 아이들은 생생한 실제 경험을 통해 배우기를 좋아하고 살아 숨 쉬는 살아 있는 실제 세계에 호기심이 많다. 동물을 좋아하고 자연에 흥미를 갖기도 한다.

또한 이 아이들은 다른 사람의 정서를 읽어내는 능력이 탁월하여 다른 사람의 정서를 쉽게 전달받고 비언어적 표현 등에 민감하다. 자신과 다른 사람들과의 관계를 감지하는 데 반응적이고 민감하기 때문에 잦은 감정 반응을 보인다.

ADHD 아이를 '인디고 아이들'이라고도 한다. 이 아이들은 민주적인 방식이 아니면 권위에 저항하며, 주위에 감정적으로 안정되고 믿을 만한 어른이 있기를 바란다. 기막힌 아이디어가 생겨도 그것을 실현할 수 있도록 도와주지 않으면 쉽게 좌절한다. 이들은 기계적으로 외우거나 단순히 듣기만 하는 것을 싫어하고 탐구하면서 배우기를 좋아한다. 자신이 흥미를 느끼는 것에 몰두할 때를 제외하면 가만히 앉아 있지 못한다. 또한 이런 아이들은 일찍 실패를 경험하면 배움을 포기하고, 새로운 지식 쌓기를 거부한다.

ADHD를 바라보는 교사의 관점

ADHD를 치료가 필요한 문제로 인식하는 교사는 아동의 문제에만 집중하여 그 아이의 장점이나 특성을 놓칠 우려가 있다. 학급에 전형적인 ADHD 아동이 있다면 정확한 진단을 위해 병원치료를 권하고, 교사는 ADHD에 대해 공부해야 한다. ADHD 아동이라는 진단을 받으면 학부모와 협의하여 치료를 돕고 학교에서는 그 아이의 장점을 살리는 교육을 시도해야 한다.

반면에 이런 아이들이 독특하다고 여기는 교사는 아이를 지지하고 장점을 살릴 수 있도록 돕는다. 그리고 아이 스스로 생각하고 판단하도록 지지해준다. 아이에게 자연친화적인 체험 기회를 많이 주고 아이가 에너지를 쓸 수 있는 활동을 마련할 것이다. 또한 아이들을 지지하면서 안전하다는 느낌을 갖게 하고, 스스로 훈련 방법을 찾도록 돕는다. 이런 아이를 야단칠 때에는 왜 그래야 하는지 설명해줄 필요가 있다. 아이의 행동을 문제로 여기는 부모에게는 상담을 통해 아이의 특성을 이해시키고 지지해야 한다. 또한 교사는 아이가 자신의 장점을 찾을 수 있도록 꾸준히 관찰하되, 스스로 생각하고 판단할 수 있도록 도와야 한다. 많은 ADHD 아이들이 잘 자라서 성인이 되어 사회에 잘 적응하며 살아가고 있음을 기억하자.

교사가 어떤 관점으로 해당 아이들을 바라보든 교실에는 수업에 집중하지 못하는 산만한 아이들이 많다. 이 아이들은 다른 친구의 말에 끼어들고 말을 듣지 않는 등 부적절한 방식으로 의사소통하고 공격적인 방식으로 문제를 해결한다. 이런 점 때문에 또래에게 따돌림당하는 경우도 있다. 교실에서 어려움이 많지만 교사들의 고민은 '이런 아이를 나와 학급 아이들이 어떻게 수용할 것인지'에 맞추어야 한다.

교사가 ADHD 아이에게 할 수 있는 일

ADHD 아이에게 과제를 줄 때에는 교사가 계획한 시간보다 좀 더 많은 시간을 주는 것이 좋다. 이 아이들은 틀에 박힌 활동보다는 변화가 많은 상황을 더 좋아한다. 따라서 자유를 허용해야 한다. 틀에 박힌 교사의 지시와 판단은 자칫 갈등을 부를 수 있다. 이 아이들은 자신이 왜 계획에 따라 움직여야 하는지를 이해하지 못하므로 설명해줄 필요가 있다. 아울러 교사는 자신이 계획대로 되지 않거나 행동 변화가 심한 것을 견디기 힘든 사람임을 아이들에게 알린다. 이 아이들은 과제를 수행하기 위해 인내심이 필요한 상황에서 문제가 많이 발생하는 반면에 통제하지 않는 상황에서는 문제가 덜 발생한다. 권위를 가진 사람과 규칙에 자주 반항하고 순응하지 않는 특성이 있는데, 그 대상이 교사일 가능성이 높다.

ADHD 아이들을 통제하지 못하여 좌절감을 느끼고, 학급을 구조화하는 데 어려움이 있더라도 그런 상황을 유연하게 받아들이고 자신을 탓하지 말아야 한다. ADHD를 비롯하여 아이들의 문제는 내가 담임인 1년 동안 '완결'할 수 없다. 그것은 불가능하다. 아이의 행동이 교정되지 않는 것은 선생님의 무능력 때문이 아니다.

선생님은 주의가 산만한 아이와 어떻게 지내나요?

- 저는 산만한 아이와 계속 싸워요. '가만히 있어라. 수업시간에 돌아다니면 안 된다'라는 말을 반복하죠. 안 되면 엄마를 불러서 말해요. 처음에는 엄마도 미안해하더니 이젠 전화도 잘 안 받아요.

- 저는 산만한 모습은 그런 대로 참을 수 있어요. 수업시간에 방해만 안 하면 어느 정도 넘어가는데 소리를 지르고 화를 내는 모습은 참기 힘들더라고요. 이럴 땐 뒤로 나가서 서 있으라고 해요. 그런데 서서도 장난을 쳐. 뒤에 있는 아이에게 말을 걸고요. 휴~ 이 아이와 잘 지내기가 너무 힘들어요.

- 계속 야단만 치니까 그 아이와 관계가 너무 나빠지고 힘들어서, 칭찬하려고 노력해요. 가만히 있지 않고 얄밉게 말해서 보기 싫지만 장점을 보려고 노력해요. 칭찬해주니까 조금은 제 말을 듣더라고요. 한 학기가 지나니까 아이가 많이 변했더라고요. 엄마도 더욱 협조적으로 바뀌었고요. 잘 넘어간 것 같아서 나름 뿌듯해요.

ADHD
아이와 함께하는
교실 서클

어쩌면 이 아이는 스스로 어떻게 해야 할지 모를 수 있다. 자신이 무슨 일을 하고 있는지 모를 가능성이 크다. 도움이 필요하다. 아이를 도우려면 우선 아이부터 이해해야 한다. 먼저 아이와 상담을 해보고, 소그룹 서클을 한 뒤, 교실 서클을 해보자. 대화에 집중하지 않기 때문에 쉽지 않을 수 있다. 그래도 도전이 필요하다.

친구의 말에 끼어들고 부적절한 방식으로 의사소통하며 공격적인 방식으로 친구와 관계를 맺을 때, 'I message(나 전달법)'로 자신의 감정을 표현하거나 친구들의 이야기를 듣는 연습을 시킨다. 자신의 말과 행동이 친구나 교사에게 미치는 영향에 대해 알려줄 필요가 있다. 자아존중감이 낮아진 ADHD 아이에게는 학교생활에서 긍정적으로 변한 모습에 대해 칭찬하고, 자신이 잘하는 것이나 좋아하는 것에서 장점을 찾는 과제를 준다. 다른 사람들에게서 들은 긍정적인 말 등을 기억하여 적게 하고 그것을 말하도록 지도한다.

자신의 의지나 뜻대로 잘 되지 않는, 예컨대 가만히 있는 것이나 집중하는 것 등에 대해 생각해보거나 자신을 수용할 기회를 주는 것이 좋다. 이 아이들은 걱정, 요구, 생각을 말로 잘 표현하지 못하고, 불만이 생겼을 때 감정을 조절해서 논리적으로 생각하기가 힘들다는 점을 기억할 필요가 있다.

· · ·

· 산만한 아이와 함께하는 소그룹 서클 진행 사례 ·

오늘 모임(서클)에 대한 간단한 안내

Q 오늘은 너희 4명과 이야기를 나누어보고자 해. 너희가 수업시간에 관심이 없고 친구들과 장난을 많이 치는 거 같아서 무슨 이유인지 궁금하고, 선생님의 마음도 솔직하게 말하고 싶어서 모였어. 모임에 동의해줘서 고마워. 이 모임에는 규칙이 있어. 선생님이 지금 들고 있는 토킹 스틱을 가진 사람만 말할 수 있어. 다른 친구들이 이야기할 때는 들어야 해. 그리고 여기서 하는 이야기는 비밀을 지켜줬으면 좋겠어. 선생님도 솔직하게 말하고 비밀은 지킬 거야. 금방 말한 걸 지키기 힘들 것 같으면 서클에 참여 안 해도 괜찮아. 선생님이 질문을 하고 나서 생각할 시간을 30초 정도 줄 거야. 생각할 시간을 주는 이유는 친구가 말할 때 딴 생각 말고 잘 듣기 위해서야. 생각이 끝나면 토킹 스틱을 가진 친구부터 이야기를 시작하고 끝나면 스틱을 돌리면 돼. 그럼 시작해볼까?

여는 질문

Q 지금 내 기분을 색깔로 나타낸다면 어떤지 간단한 이유와 함께 표현해볼까요? 생각할 시간을 잠깐 줄게요.

A1 전 회색빛이요. ○○가 급식 시간에 고기를 적게 줬어요.

A2 전 파란색이요. 선생님과 함께 이야기를 나눠서 기분이 좋거든요.

A3 전 아무 색깔도 없어요. 그냥 그래요. 전 검정색요. 집에 가고 싶은데 선생님이 남으라고 해서요 등.

주제 질문

Q 나는 이럴 때 집중을 잘한다. 생각해보세요.

A 밥 먹을 때요. 집에서 게임할 때요. 축구할 때요. 만들기 할 때요 등. (※ 교사가 평소 관찰한 모습과 이야기가 다르더라도 가만히 경청한다. 또한 교사도 '나는 영화를 볼 때'라는 식으로 대화에 참여한다.)

Q 학교에서 나는 이럴 때 가만히 있지 못하겠다. 생각할 시간을 잠깐 줄게요.

A 수업이 재미없을 때요. 수학시간요. 어려워서 잘 모르겠어요. 과학시간에 몸이 움직여요. 선생님이 움직이지 못하게 해요. 전 잘 움직이지 않는데요 등.

Q 내가 집중을 하고 있을 때 어떤 친구가 돌아다니면서 방해하면 기분이 어때요?

A 정말 짜증나요. 어제 ○○이가 그림 그리는데 절 건드려서 망쳐놨어요. 화가 나요. 그래서 싸웠어요. ○○가 제일 심해요. 싫어요. 선생님도 집중을 할 때 날 방해하면 속상해요 등.

Q 다른 친구가 집중하고 있을 때 방해한 적이 있나요?

A 전 없어요. 지난번에 짝이 수학문제 풀 때 장난 좀 쳤어요. 근데 짝도 공부하기 싫다고 했어요. 미술시간에 돌아다니면서 장난쳤어요.

Tip
이 아이들은 차분하게 자신의 이야기를 하거나 친구 이야기를 집중하여 듣지 못하고 다른 행동이나 말을 할 확률이 높다. 그런 점을 감안해서 서클을 진행해보자. 마음을 진정시키면서….

닫는 질문

Q 오늘 친구들과 이야기한 서클은 어땠어요?

A 즐거웠어요. 재미있었어요. 친구들과 이야기를 할 수 있어서 좋았어요. 학원을 빠져서 신났어요. 친구들의 입장을 생각해봐야겠다는 마음이 들었어요. 그냥 그랬어요 등.

Tip
교훈적인 소감이나 배움이 없더라도 그냥 말 그대로 소감으로 넘어가는 게 좋다.

• • •

• 산만한 아이와 함께하는 소그룹(4명) 서클 질문 •

서클의 목적

• 학급 아이들과 산만한 아이들의 상호 이해

여는 질문

• 학교에서 가장 기분이 좋을 때는 언제인가요? 생각할 시간을 잠깐 줄게요.

주제 질문

• 나는 이럴 때 수업시간에 친구와 장난치고 싶다.
• 수업을 할 때 친구가 방해하면 기분이 어떤가요?
• 친구와 장난을 치고 있을 때 선생님한테 야단을 맞으면 무슨 생각이 드나요?
• 친구들이 장난을 많이 쳐서 수업이 안 되면 선생님은 어떨까요?

닫는 질문

• 우리 반 아이들과 이야기를 나누면서 새롭게 알게 된 친구, 또는 새롭게 알게 된 친구의 모습이 있나요?

02
아이들의 성(性)과 욕설
....

성 관련 문제행동을 하는 아이들

✳

요즘 아이들은 성을 놀이라고 인식하고, 자신의 몸을 소중히 여기지 않는다. 다른 사안도 마찬가지지만 성에 관한 실수도 잘못했다는 생각이나 죄책감이 없다. 초등학교 때부터 몸이 빨리 자라는 아이들이지만 정신과 마음은 그에 맞게 성숙하지 못해 불균형이 일어난다. 아이들은 자신의 행동에 대한 책임, 정신적 고통이나 피해에 대처할 능력이 부족하다.

다양한 매체에서 유아, 어린이, 청소년을 성적 대상으로 다룬다. 아이들이 순수하기를 바라면서 한편으론 아이들을 성적 대상으로, 상품을 살 소비자로 자극한다. 아이들은 끊임없이 이중의 메시지를 접하면서 그 속에서 혼란스러워한다. 과거보다 빨라져서 초등학생 때부터 아이들은 스마트폰이나 인터넷으로 쉽게 접속해서 여러 가지 음란물을 접할 수 있다. 더 심각한 문제는 아이들이 그것을 학교에 와서 흉내를 낸다는 점이다. 이 아이들은 학교에 와서도 성 관련 농담이나 성희롱, 성추행을 할 확률이 높다.

아이들이 주로 보는 음란물에 대해 관심을 가지고 함께 이야기를 나누는 것은 어떨까? 부모가 인터넷 게임을 같이 하면서 의사소통을 하는 것처럼 음란물에 대해서도 아이와 함께 솔직한 대화를 나누어 볼 필요가 있다. 어쩌면 이 부분에 대해서 부모는 할 이야기를 찾지 못하는 반면, 아이들은 할 말이 많을지도 모른다. 이런 과정을 거치면서 성장한다면 성에 대한 가치관이 건강해지지 않을까?

교사들은 아이들의 건강한 성 가치관 형성을 위해 먼저 몸과 마음의 주인은 자신임을 교육시킨다. 가정에서 성교육을 강조하는 한편, 학교에서도 건강한 성교육을 시켜야 한다. 이를 통해 자신의 몸과 마음을 사랑하고 자신을 있는 그대로 사랑하는 법을 배우는 것이다. 나아가 친구들의 몸을 존중하는 자세 또한 깨닫도록 지도해보자. 인터넷에서 습득한 건강하지 못한 성지식을 비판할 수 있는 시각도 가르쳐야 한다. 이러한 성교육의 과정은 일방적인 지시와 전달이 아닌 함께 이야기하는 과정을 통해 진행하면 효과적이다. 그러기 위해서는 교사가 먼저 건강한 성 가치관을 갖고 성에 대한 다양한 생각을 열린 마음으로 이해하고 대화해야 한다. 아이들이 성에 대해 어떤 생각을 갖고 있는지를 알아보는 데에도 교실 서클이 도움이 된다.

욕에 물든 아이들

최근 많은 문제를 일으키는 것이 아이들이 교사에게 욕을 내뱉는 것이다. 수업시간에 야단을 치면 '우이 씨, 씨바~~'라는 말이 튀어나오고, 심하게 꾸중을 하면 '열라 짜증나!'라는 말을 뱉으면서 눈을 부라린다. 성질대로 하면 한 대 쥐어박고 욕을 실컷 해주고 싶지만 참고 넘어간다. 수업이나 일과가 끝나면 아이를 불러서 일장 연설을 시작한다. 왜 선생님한테 욕을 했는지 따지고, 예의 없음에 대해 야단치는 등 잔소리를 실컷 하고 나서 벌점을 주거나 반성문을 쓰게 한다. 이때 교사의 기분은 한마디로 더럽다. 자존심도 엄청 상한다. 아이들이 없는 곳에서 이런 일이 일어나면 그나마 다행이지만, 많은 아이들 앞에서 학생의 욕을 들은 교사의 기분은 말로 표현하기 힘들다. 비참하고 발가벗겨진 느낌으로 아이들을 쳐다보기도 싫어진다.

교사 입장에서 욕으로 대화하는 아이들은 용납이 안 된다. '열라, 졸라'를 의성어로 사용하는 아이들을 가만히 두고 볼 수 없어 교사들은 욕이 들리는 대로 훈계하고 야단도 쳐보지만 효과가 없음을 안다. 아이들의 일상 언어인 욕을 교사가 차단하는 것은 불가능에 가깝다. 교사가 할 수 있는 일이 없어서 더 힘만 빠진다.

아이들 입장에서 생각해보면, 욕은 아이들의 분노와 스트레스를 푸는 돌파구다. 놀이나 운동을 통해 분노를 풀지 않고 욕으로 푸는 것이 안타깝지만 안 하는 것보다 정신건강에는 더 좋을 수 있다. 그렇다고 해도 욕을 일상적인 언어로 사용하는 아이들의 어휘력과 언어 능력은 점점 엉망이 되어간다. 이전에는 심리검사 자체가 싫어서 반발하는 아이가 많았다면 최근에는 문항을 이해하지 못하고 무슨 뜻인지 몰라서 심리검사 받는 것을 싫어한다. 웃픈 현실이다.

교사로서 욕하는 아이들을 보면 어떤 생각이 드나요?

• 저는 '왜 저러나?' 하는 생각이 들어요. 어디서 그런 욕을 배워왔는지 이해가 안 돼요. 기가 막혀서 말이 안 나올 때도 있어요. 그래도 야단 은 치죠. 그러나 야단이 잘 안 먹히는 거 같아요.

• 전 복도를 지나가다가 아이들이 말하는 것을 들었는데 깜짝 놀랐어 요. 정말 얌전한 아이라고 생각했는데 친구랑 욕으로 대화를 하는 거 예요. 너무 놀라서 모른 척하고 지나갔어요. 다시 그 아이를 보니까 정이 안 가더라고요.

• 우리 반에는 언니한테 욕을 배우고 오는 아이가 있어요. 그걸 아이들 이 배우고 따라하는 거예요. 분위기가 나빠지는 거죠. 그 아이를 따르

는 무리가 있으니까 더 제어가 힘들어요.

• 지각을 자주 해서 좀 일찍 오자. 오늘 늦었으니까 청소하는 거 알지? 했더니 복도에 나가서 '아 씨~~×, 또 청소야' 이러는 거예요. '너 금방 뭐라고 그랬어?' 했더니, '그냥 혼자 말한 건데요.' 이러는 거예요. 완전 화가 나서 선도에 넘겼죠. 선생님들과 이야기를 하면서 우리가 할 수 있는 일이 없다는 것을 깨닫고 더 속상했어요.

성이나
욕에 대한
교실 서클

• • •

• 성을 주제로 한 소그룹 서클 진행 사례 •

오늘 모임(서클)에 대한 간단한 안내

Q 오늘은 친구들과 야한 이야기를 해보려고 해요. 선생님이 보니까 친구들이 야한 이야기를 많이 하고 여자 아이들 놀리는 모습을 자주 봤거든요. 야단을 치려는 건 아니고 솔직하게 이야기를 하고 싶어서요. 이 모임에는 규칙이 있는데, 선생님이 지금 들고 있는 토킹 스틱을 가진 사람만 말할 수 있어요. 다른 친구들이 말할 때는 잠자코 들어야 해요. 그리고 여기서 하는 이야기는 비밀을 지켜줘야 해요. 선생님이 질문을 하고 나서 생각할 시간을 30초 정도 줄 거예요. 생각할 시간을 주는 이유는 친구 이야기를 잘 듣기 위해서예요. 생각이 끝나면 토킹 스틱을 가진 친구부터 이야기를 시작하고 끝나면 스틱을 돌리면 돼요. 그럼 시작할게, 물론 선생님도 대답을 할 거예요. 혹시 다른 질문 있나요?

A 말하고 싶지 않으면 어떻게 해요? ("패스라고 말할 수 있는데 한 번 정도 사용 가능해요. 친구들이 솔직하게 말할 때 비웃거나 놀리면 안 되겠죠?"라고 대응해보자.)

여는 질문

Q 자신이 좋아하는 여자(남자)는 어떤 아이인가요? 실명을 말하는 것이 아니라 스타일이나 성격 같은 것을 말합니다.

A 예쁜 아이요. 웃어주고 성격이 밝은 아이요. 절 때리거나 하는 아이는 말구요 등.

Tip
아이의 취향을 비난하거나 비판하면 서클 진행에 방해가 되니 금물이다.

주제 질문

Q **여친(또는 남친)이 생기면 하고 싶은 스킨십이 있나요?**

A 저는 손 잡는 거요. 뽀뽀까진 괜찮아요. 그냥 함께 다니는 거요. 스킨십이 뭐예요? 징그러워요 등.

Q **드라마에서 키스를 하는 장면이 나오면 어떤가요?**

A 이상해요. 전 이불을 뒤집어써요. 부모님이 계실 때는 방으로 들어가요. 얼굴이 빨개진다고 부모님이 놀려요. 그런 드라마는 부모님과 안 봐요. 아무렇지도 않아요 등.

Q **야한 동영상을 본 적이 있나요? 언제 어떻게 보게 됐나요?**

A 본 적 없는데요. 전 지난번에 누구 집에서 봤어요. 저는 안 봤는데 누구누구는 ○○이 집에서 봤어요. 여러 번 봤어요 등.

Q **야동을 볼 때나 보고 나면 기분이 어떤가요? 어떤 생각이 드나요?**

A 이상한 느낌이 들어요. 기분이 좀 이상해요. 아이들이랑 같이 볼 때는 함께 웃고 장난치고 그래요 등.

Tip

아이들이 어떤 이야기를 하든 그대로 수용하는 것이 좋다. 일단 아이들의 말을 듣자. 교육은 다음 기회에 하면 된다. 서클은 아이들과 교사의 솔직한 마음을 표현하고 듣는 시간이 되어야 한다.

닫는 질문

Q **오늘 친구들과 야한 이야기를 했는데 기분이 어때요?**

A 창피해요. 선생님이랑 이런 이야기를 하는 게 좀 웃겨요. 재밌어요. 선생님이 야단을 안 치니까 어색해요 등.

• • •

• 성 가치관 이해를 돕는 교실 서클 실습 •

서클의 목적 • **아이들의 성 가치관 이해**
여는 질문 • •
주제 질문 • • • • • • • •
닫는 질문 • •

• 욕하는 아이들을 위한 소그룹 서클(욕을 자주 하는 아이 4~5명) 질문 •

서클의 목적

• 아이들의 욕설에 대한 이해

여는 질문

• 기분 나쁠 때 주로 하는 말은 무엇인가요?
• 내가 욕을 처음 들었던 것은 언제, 무슨 이유 때문인가요?
• 욕을 들었을 때 기분은 어땠나요?

주제 질문

• 나는 어떨 때 욕을 하고 싶거나 욕을 할까요?
• 욕을 하면 기분은 어떤가요?
• 욕을 하면 좋은 점과 나쁜 점은 무엇인가요?

닫는 질문

• 욕을 다섯 글자로 표현해보세요
• 오늘 서클을 마치면서 어떤 느낌이 들죠?

• • •

• 아이들의 욕을 이해하는 교실 서클 실습 •

서클의 목적 • **아이들의 욕설에 대한 이해**
여는 질문 • •
주제 질문 • • • • • • • •
닫는 질문 • •

03
정신이 멍들어가는 아이들

·····································

정신이 멍들어가는 아이들 이해하기

✳

감정조절에 어려움을 겪는 아이들이 많아졌다. 진단이 필요 없을 정도로 이전 아이들은 정신적으로 건강했다. 가정과 사회 분위기가 아이들의 정신건강을 해치는 방향으로 움직이고 있는 것이다. 건강하지 못한 아이들이 많아진다는 것은 교사들이 더 많은 관심을 가져야 한다는 의미다. 아이들 스스로가 감정을 잘 제어하고 삶에서 느끼는 불만이나 근심에 더욱 적절히 대응하도록 도와야 한다.

아이들의 문제는 빨리 발견해서 조치를 취할수록 해결이 쉽다. 아이들에게 나타나는 정신적인 문제는 아직 고착된 것이 아니다. 병리적인 진단명을 잘 붙이지 않는 이유이기도 하며 변화 가능성에 무게를 둔 것이다. 초등학교 고학년보다는 저학년이, 중학생보다는 초등학생이 치료가 빠르고 쉽다. 이를 방해하는 부모의 거부가 안타까울 뿐이다. 자녀의 심리 문제와 치료를 부모가 받아들이기 힘들겠지만, 자신으로 인해 아이의 문제가 더 심각해짐을 알아야 한다.

분노조절이 힘든 아이들

*

• 아이들의 분노

아이들은 분노를 조절하고 표현하는 방식을 가정에서 배운다. 분노를 적절하게 표현하는 방법을 배우지 못한 아이는 엉뚱하게 대처하고 부적절한 방식으로 표출한다. 폭력적인 행동이나 말로 감정을 나타내는 가정의 아이들은 부모가 표현하는 방식 그대로 드러낸다. 심리적인 좌절이 많은 아이들도 분노를 자주 느끼고 공격적인 행동으로 터트린다.

분노는 일상생활 속의 불가피한 사건에 대해 개인이 자신을 보호하기 위해 사용하는 감정으로 보기도 한다. 억압하지 않고 건강하게 표현하거나 다스리는 법을 익혀야 한다. 한편으로 분노는 인간의 강한 에너지로서 긍정적으로 사용할 경우 힘을 가진다.

• 분노조절이 힘든 아이

담임이 없을 때 어떤 아이가 감정을 폭발시키는 상황이 발생하면 어떻게 해야 할까? 그런 상황이 오면 우선 아이들로 하여금 누구에게든 알려야 한다고 지도한다. 만약 아이가 소리를 지르는 것뿐만 아니라 의자를 집어던지거나 창문에 매달리는 등의 행동을 한다면 우선 다른 아이들이 그 아이로부터 멀어지도록 지도해야 한다. 아이들에게 평소 이런 지도를 하지 않으면 예상치 못한 사고가 발생할 수 있다. 학급에서 어떤 아이가 감정을 갑자기 폭발할 때, 아이는 이미 제정신이 아닌 경우가 많다. 이때 아이를 제지하거나 힘으로 누르려고 하면 화를 더 자극하게 마련이다. 그 순간 다른 아이들은 나가게 하고 그 아이를 주시하면서 이렇게 말을 한다.

"화가 났구나. 괜찮아. 응, 화를 내도 괜찮은데 그 의자는 던지지 말자. 칼은 잘못하면 네가 다칠 수도 있어. 선생님 좀 보렴!"

이런 대화를 통해 아이가 스스로 화를 풀고 현실로 돌아올 시간을 벌어야 한다. 동시에 교사는 왜 이런 상황이 발생했는지를 빨리 파악해야 한다. 상황이 어느 정도 정리되면 교실을 뒤집어놓을 정도로 강하게 감정을 폭발했던 아이에게 왜 그런 일이 벌어졌는지를 적도록 하거나 물어본다. 그때 생각나지 않거나 기억이 안 난다고 말하는 경우가 있다. 그건 맞는 말이다. 가끔씩 아이들은 무슨 일이 일어났다는 건 알겠는데 자세한 내용까지는 기억하지 못한다. 왜 그랬는지만 기억한다. 이럴 경우 선생님들은 기가 막혀서 할 말을 잃거나 화를 내면서 야단을 친다. 그러나 아이 입장에서는 정말로 생각이 안 날 수도 있다는 사실을 인정해야 한다. 야단을 치는 대신 다음의 방법으로 대화를 나누어보자.

- 먼저 아이에게 왜 화가 났는지, 누구 때문에 그랬는지를 구체적으로 묻는다.
- 이때 아이에게 야단을 치거나 폭력적인 행동을 비난하면 안 된다.
- 아이의 마음이 풀리고 나면 상대방의 입장에 대해 이야기한다.
- 상황에 대한 이야기가 끝나면 다음에 화가 날 때는 어떻게 마음을 표현하면 좋은지, 상대방 친구에게 어떻게 말해야 좋을지를 가르친다.
- 화가 나는 상황에서 자신의 마음을 표현하는 훈련을 지속적으로 시킨다.
- 이전에 감정을 폭발했을 때보다 개선된 점이 있다면 그 부분을 칭찬하고 격려한다.

아이들은 몸과 마음이 성장하는 과정에 있다. 따라서 감정 폭발은 누구에게나 일어날 수 있다. 이런 사건으로 인해 주눅이 들거나 두려움을 가지는 다른 아이가 있을 수도 있다. 이런 아이들의 마음을 이해하고 받아주면서 그 아이가 겪는 심리적 고통에 관심을 가져야 한다. 때로는 한 아이의 감정 폭발로 다른 아이에게 피해가 갔을 때 학부모로부터 민원이 발생하기도 한다. 피해 학생과 학부모의 마음을 이해하고 받아주면서 한편으로는 가해 아이가 문제가 있기는 해도 우리반 아이라는 것을 말해주어야 한다. 그런 아이들 역시 우리가 함께 살아가야 함을 평소에도 교육해야 한다.

 교사들 중에도 문제 아이만 없으면 학급이 조용하고 괜찮을 거라고 생각하는 분들이 있다. 충분히 공감하는 이야기다. 그러나 그런 아이들까지도 포용해야 하는 것이 참 교육이다. 점점 더 많은 아이들이 교실에서 감정을 통제하지 못한 채 화를 폭발하곤 한다. 참 안타까운 일이다.

 이런 아이들에게는 달리기나 복싱, 드럼이나 북 등을 난타하는 활동이 도움이 된다. 신문지 찢기나 소리 지르기, 욕설 적고 찢기 등도 아이들의 분노 표출을 돕는다.

분노조절이
힘든 아이를 위한
교실 서클

● ● ●

· 소그룹 서클 질문 4~5명(폭력 경향 아이+일반 아이) ·

서클의 목적

• 폭력 경향 아이가 표출하는 분노, 화에 대한 이해

여는 질문

• 여러분이 잘하는 것 두 가지를 넣어서 자기소개를 해보세요.

주제 질문

• 나는 이럴 때 화가 나거나 폭발한다.
• 화가 날 때 나는 이렇게 하면 스트레스가 풀린다.
• 화를 내거나 화풀이를 하면 좋은 점과 나쁜 점은 무엇인가?
• 내가 화를 낼 때(폭발할 때) 이렇게 도와주었으면 좋겠다.
• 화를 멈추게 하는 나만의 노하우가 있다면?

닫는 질문

• 서클을 마치면서 지금 기분을 날씨로 표현해본다면 어떨까?

오늘 모임(서클)에 대한 간단한 안내

Q 오늘은 우리 반 친구들과 둥글게 앉아서 이야기해보는 시간을 가지려고 해. 친구들이 집에서 어떻게 지내고 있는지 집에서 느끼는 기분에 대해서 주로 이야기할 거야. 이 모임에는 규칙이 있어. 선생님이 들고 있는 토킹 스틱을 가진 사람만 말할 수 있어. 다른 친구들이 이야기할 때는 잘 들어야 해. 그리고 여기서 하는 이야기는 비밀을 지켜줬으면 좋겠어. 선생님도 솔직하게 말하고 비밀은 지킬 거야. 선생님이 질문을 하고 나서 생각할 시간을 30초 정도 줄 거야. 생각할 시간을 주는 이유는 친구 이야기를 잘 듣기 위해서야. 생각이 끝나면 토킹 스틱을 가진 친구부터 이야기를 시작하고 끝나면 스틱을 돌리면 돼. 그럼 시작할게. 물론 선생님도 대답을 할 거야. 혹시 다른 질문 있니?

A 말하고 싶지 않으면 패스해도 돼요?

Q 패스해도 되는데 오늘은 한 번만 패스할 수 있게 할게요. 친구들이 말할 때 '거짓말이에요. 너 안 그렇잖아'라는 말을 하면서 방해를 하거나 장난을 치면 안 돼. 친구의 말을 잘 들어야 해. 그럼 진짜 시작해볼까?

여는 질문

Q 요즘 자신이 가장 많이 느끼는 기분은 뭔가요?(행복한 기분, 우울한 기분, 슬픈 기분, 두려운 기분, 화나는 기분 제시). 이유도 간단하게 말해보세요.

A 행복해요. 좀 슬퍼요. 그냥 그래요. 잘 모르겠어요 등.

Tip

많은 아이들이 '모르겠다. 그냥요'라는 말을 자주 한다. 이럴 때는 한두 번은 넘어가지만 반복될 경우에는 조금 자세히 물어보는 것도 도움이 된다. 기분을 잘 모를 경우에는 선생님이 미리 감정 카드를 준비하여 교실 바닥에 깔고 찾게 하는 방법도 좋다.

Q **나는 집에서 이럴 때 기분이 좋다.**

A 혼자 핸드폰 게임을 할 때, TV를 볼 때, 치킨, 피자 등을 먹을 때 등.

Tip

게임은 줄여야지! 등 아이들의 솔직한 답변에 교훈적인 훈화를 하는 것은 서클 진행을 방해하거나 아이들의 솔직한 말을 막는 역효과를 낸다. 아이들의 말을 그 냥 들어줄 필요가 있다.

Q **집에서 부모님(또는 할머니)이 어떻게 하면 기분이 나쁘거나 화가 나죠?**

A 공부하라고 말할 때요. 정리 못한다고 야단칠 때요. 학원 가라고 잔소리할 때요 등.

Tip

이 부분은 한두 아이가 말문을 열면 너도 나도 이야기를 하게 된다. 처음 시작할 아 이를 잘 선정하면 좋다. 서클을 진행할 때 처음에는 교사가 말을 시작하고 토킹 스 틱을 가까운 아이들에게 돌리는 것이 좋고, 진행할수록 다양한 아이들이 시작할 수 있도록 도전해본다. 처음 시작하는 아이의 말이 영향을 미치는 것을 기억한다.

Q **어릴 때 잘못하여 혼이 났거나 매를 맞은 적이 있다면 손을 들어볼까?**

Tip

손을 든 아이들이 많으면 자연스럽게 다음 이야기로 넘어가면 솔직해진다. 심각 하지 않게 질문하는 요령이 필요하다. 요즘 가정 폭력에 예민한 문화를 아이들도 알기 때문에 무겁게 받아들일 가능성도 있다.

Q **무슨 이유로 맞았는지, 맞을 때 무슨 생각이 드는지 말해볼래요?**

Tip

아이들이 사실을 이야기할 때 교사는 단순히 잘못하여 매를 맞은 것으로 끝난 일 인지 아니면 최근에도 지속적으로 이어진 것인지를 판단할 필요가 있다. 판단을 근거로 학부모 상담을 할 때 활용한다.

닫는 질문

Q **친구들의 이야기를 들으면서 느낀 점을 한 문장이나 다섯 글자로 표현해볼까요?**

Tip
아이들이 자신의 느낌을 한 문장이나 다섯 글자로 표현하는 것에 어려움을 느낄 수 있지만 이야기를 하다 보면 쉽게 만들기도 한다.

자신의 틀 속에 갇힌 강박 경향 아이들

✳

• 가정 변인

아이들은 부모의 강박행동을 모방한다. 이 아이들은 부모의 기대에 맞춰 행동함으로써 자율적으로 행동하는 법을 배우지 못한다. 규칙을 잘 지키는 부모의 행동을 모방하면서 부모의 엄격함과 처벌적 태도마저 자신의 것으로 학습한다. 단호하고 억압적으로 과잉 통제하는 부모는 아이가 자신의 기대나 기준에 맞지 않게 행동했을 때 처벌한다. 벌을 피하기 위해 부모의 요구와 기대에 따라 행동하면서 규칙과 규율을 엄격히 지키는 것을 배우게 된다.

아이들은 부모의 말과 행동, 감정이 서로 모순되고 변덕스러우며 비합리적일 때 강박적인 성격을 형성하는 경향이 있다. 타인에 대한 책임감을 과도하게 강조하는 부모 밑에서 성장한 아이들도 강박적인 경우가 많다. 아이들은 자신이 완벽해지면 부모의 인정과 존중을 받을 수 있을 것이라는 무의식적인 신념으로 열심히 노력하지만 번번이 좌절당한다.

• 강박적인 성향을 부르는 인지 왜곡

비합리적인 신념이 있다. '나는 나 자신뿐만 아니라 내 주변 환경을 완벽하게 통제해야 한다. 나는 실수를 하지 않아야 가치 있는 존재다. 모든 행동과 결정에는 옳고 그름이 있다. 구체적이고 명확한 규칙이나 절차가 없으면 나는 아무것도 할 수 없다' 등과 같은 독특하고 역기능적인 신념이다. 이런 아이들은 '완벽 아니면 실패'라는 흑백 논리적인 생각을 하기 때문에 섣불리 시작하지 못하고 꾸물거리며, 사소한 결점이 있어도 실패를 두려워하고 시작도 하기 전에 포기한다. 불완전함이나 실수로 인한 결과를 지나치게 과장함으로써 강한 두려움을 가지는 것이다. 세부적인 것에 지나치게 초점을 맞추어 과도한 의미를 부여하거나 의미를 확대하는 반면 훨씬 더 중요한 일은 의미를 축소하는 경향이 있다. 또한 '~ 해야 한다'는 당위적 사고를 가지고 있다. 그래서 자신의 의지와 선택이나 선호, 감정을 따르지 않는다. 자신이 정말 무엇을 원하고 무엇을 하고 싶은지에 대해 관심을 가지기보다 무엇을 해야만 하는지에 관심을 둔다.

무엇보다도 이런 아이들은 자신이 원하고 좋아하는 것과 단절되어 있다. 따라서 다른 사람에 비해서 자기 결정이나 행동, 신념에 대한 확신이 낮다. 그 결과 자신이 처한 갈등에 대처하기 위해 계속 의심하거나 독단적인 모습을 보이기도 한다.

• 아이들이 학교에서 보이는 모습

이런 아이들은 곧이곧대로 생각하는 흑백의 경직된 사고를 갖고 있다. 유연한 사고를 하지 못하고, 정해진 틀이나 관행에서도 잘 벗어나지 못한다. 또한 맨 처음 품었던 생각, 계획, 해결책을 바꾸기 힘들기 때문에 예측 불가능하고 모호하고 불확실하고 새로운 것을 잘 다루지 못한다. 상황을 융통성 없이 부정확하게 받아들이거나 왜곡하고, 편견에 사로잡힐 때가 많다. 자신의 행동이 다른 사람에게 어떤 영향을 미치는지 잘 이해하지 못한다. 남의 마음을 헤아리기 어려워 친구들과 공감하기 힘들고 친구의 관점과 견해를 잘 받아들이지 못한다. 한편으로 이런 아이들 중에는 학교생활을 바르게 하는 모범생이 많기 때문에 교사의 칭찬을 많이 받기도 한다. 칭찬을 통해 아이는 더욱 강박적으로 바른 학교생활을 할 가능성이 높다.

다음은 상담을 통해 행동이 변한 어떤 아이의 이야기다. 강한 강박적인 생각으로 학급 아이들과 관계를 잘 맺지 못하는 5학년 남학생 사례다. 4회기 동안 친구관계의 어려움과 갈등에 대해 충분히 공감한 후, 자신의 변화를 고민해본 5회기 상담 내용이다.

"친구들이 규칙을 지키지 않으면 왜 규칙을 안 지킬까? 하는 생각이 들고 이해가 안 돼요."

"그렇구나! 규칙은 절대로 지켜야 한다는 네 생각을 '규칙은 지키는 것이 좋다'로 바꿔보는 건 어떨까? 두 문장을 차례대로 말해볼래?"

"뒤에 것이 더 편안해요."

"그럼 교실에서 친구들을 볼 때 '저 아이는 잠을 자는 나쁜 아이다' 대신 '저 아이가 잠을 자지 않았으면 좋겠다'라고 마음속으로 말해보는 건 어떨까?"

"그렇게 해볼게요."

이 아이는 내가 준 숙제를 교실에서 열심히 연습해왔다. 강박적인 아이의 특성은 상담교사의 말 또한 철저하게 지킨다는 것. 훨씬 편안해지고 여유로워졌다는 담임 선생님의 피드백이 있었다. 해당 아이는 자신의 생각을 유연하게 하는 연습을 한 후 편안한 학교생활을 하고 있다.

• 학생을 바라보는 교사의 완벽주의 경향

초등학교 때부터 담배를 피운 중2 아이에게 '벌써부터 담배를 피우면 어른이 되어 무엇을 할 수 있겠나! 인생 자체를 망치고 있다'라고 비난하는 교사는 아이의 흡연과 미래를 확대 해석하는 오류를 범하고 있다. 이는 교사의 불신으로 이어지고 흡연 문제만을 객관적으로 바라보지 못하게 만든다.

예의 바르고 배려가 넘치며 차분하게 친구들을 잘 챙기는 아이가 있다. 이 아이의 반듯함을 칭찬함과 동시에 '공부만 잘하면 모자란 것 없이 좋을 텐데…'라고 생각한다. 교사의 완벽주의 경향은 칭찬보다 뭔가 부족한 것을 보충하자고 독려하며 잔소리하게 만든다.

아이의 있는 그대로의 모습을 인정하고 받아들이는 교사는 어떨까? 게슈탈트 심리학(Gestalt Psychology)에서는 변화의 역설에 대해 말한다. 개인이 마음에 들지 않는 단점을 고치려고 노력힐수록 해결되지 않는다. 그것을 온전히 수용하였을 때 비로소 변화가 일어난다고 본다. 아이들의 있는 그대로를 인정하고 수용할 때 아이가 바뀌는 것이다.

• 강박 경향의 교사를 위한 조언

 아이들의 이분법적인 사고를 한결 유연한 사고로 바꾸려면, 어른이 먼저 스스로 유연하게 생각해야 한다. 교사가 유연하지 않으면 아이들에게 사고의 유연성을 가르칠 수 없다. 자신이 강박 경향이 강한 교사라면, 잘해야 한다는 강박 관념 없이 현재 시간을 그대로 즐길 수 있는 활동을 해보자. 자신이 가지고 있는 강박적인 생각을 글로 적거나 말해보는 것도 도움이 된다. 자신이 가진 비합리적인 신념을 스스로 반박해봐도 좋다. '나는 늘 모범을 보여야 한다'는 생각을 '나는 늘 모범을 보이고 싶다'로 고치거나 '친절해야 한다'를 '친절한 교사라면 좋겠다'로 바꾸어 말해보자.

선생님은 어떤 상황에서 완벽하게 하고 싶은 마음이 생기나요?

• 저는 수업을 완벽하게 해야 한다는 생각을 갖고 있죠. 아이들이 재미없는 표정을 짓거나 집중하지 않으면 '수업이 재미없나? 준비를 덜 했나?'라는 생각을 해요. 다음에는 더 준비를 많이 해야겠다는 생각 때문에 힘들어요.

- 맡은 업무를 완벽히 해야 한다는 생각이 강한 편이에요. 일처리를 못한다는 말은 듣고 싶지 않거든요. 늘 실수할까봐 조심해요. 밤을 새워 수업 준비를 할 때도 있어요.

- 학부모로부터 부정적인 말을 듣는 걸 정말 싫어해요. 그래서 최대한 부모들이 원하는 걸 해주려고 하는 것 같아요. 어떨 때는 이건 아니다 싶을 때도 부정적인 말을 들을까봐 해주는 경향이 있어요. 이런 점 때문에 제가 힘들죠. 경력이 쌓이니까 조금은 편해진 것 같기는 해요.

자기에게 화살을 쏘는 우울한 아이들

• 일반적인 특성

아이들 내면의 우울한 증상은 여러 가지 문제행동으로 드러난다. 우울하고 슬픈 기분보다는 짜증을 많이 내고 부모에게 반항하며 공격적인 행동을 한다. 물건을 훔치거나 가출을 하는 극단적인 경우도 있다. 이처럼 아이들이 내적 갈등이나 좌절, 우울함 등 정서적인 문제로 문제행동을 보일 때 이를 '가면을 쓴 우울증(Masked Depression)'이라고 한다.

아이들에게 우울이 자주 일어나면 자기 의심과 자기 비하가 강해져서 자신을 가치 없는 존재로 전락시킨다. 자기 증오가 깊어지면서 서서히 자아 존중감이 낮아지고 이는 아이의 인생 전반에 부정적인 영향을 미친다.

• 아이들의 학교생활

우울한 아이들은 학교에서 비활동적이고 늘 위축되어 있어 친구들과의 관계도 소극적이며 대부분의 시간을 혼자 보낸다. 자신감이 없고 부정적, 소극적이며 말이 없기 때문에 친구들이 있는 곳을 피하거나 친구를 지나치게 의식한다. 친구들과 함께 놀거나 이야기하는 것을 두려워하기도 하며 매사에 의욕이 없다.

이런 아이들은 잡념이 많아 집중을 못하고 공부를 하다가도 자주 멍하니 있거나 잠을 잔다. 또한 이들은 교사에게 반항하거나 공격적인 행동, 자학 등으로 학교 적응에 어려움을 겪는다. 학교에서 문제 상황에 직면했을 때 이를 해결하기보다는 불안이나 화, 우울 등과 같은 부정감정을 많이 경험하고 포기하는 경향이 있다. 때로는 학교생활에 적응하지 못해 우울한 상황이 발생하는 경우도 있다. 계속되는 실패 경험이나 친구와의 갈등 등으로 우울해지고, 자신을 무가치하고 무능력하다고 생각한다. 이들은 주로 자학이나 공격적인 행동 등의 문제를 나타낸다.

공상의 세계로 숨어드는 아이들

*

• 아이들이 학교에서 보이는 심리 행동

상상력이 풍부한 아이들은 자신의 공상을 확대해서 재미있는 이야기를 만들어냄으로써 친구들에게 인기가 많다. 상상력이 풍부하고 창의적인 특성 때문에 소설이나 만화, 그리고 이야기를 글로 잘 표현하고 인터넷상에서 인기를 얻기도 한다. 문제는 현실의 고통과 괴로움을 회피하기 위해 만든 공상의 세계가 지나치게 현실과 멀어질 때 발생한다.

현실과 동떨어진 공상이 심해지면 수업시간에 발표를 할 때도 질문과 맞지 않는 엉뚱한 대답을 하거나 혼잣말을 자주 한다. 상대방에게 많은 이야기를 하지만 주제가 선명하지 않고 대화를 하고 있다는 느낌이 들지 않는다. 게임, 웹툰, 인터넷 소설 등에 심취한 아이인 경우 자신이 소설 속 주인공이 되기도 하는데, 현실과 소설 세계가 구별되지 않는 경우도 있다. 가령 우리 반 아이가 귀신을 본다고 말한다면 어떻게 대처하는 게 좋을까? '그런 건 없단다'라는 식의 대응보다는 아무렇지 않은 듯이 묻는 것이 좋다.

"그래? 귀신은 어떻게 생겼니? 인사는 해봤니? 다음에 보면 인사를 해봐. 안녕, 귀신아! 나는 ○○인데 네 이름은 뭐니? 몇 살이야?"

이런 대응으로 문제가 해결되는 경우가 있다. 아이가 소설이나 웹툰의 주인공이라고 착각할 때에도 주인공의 이름을 묻고 어떤 성격인지, 무엇을 잘하고 못하는지, 어떻게 적과 싸우고 이기는지 등을 함께 대화하면 도움이 된다.

• 발생 원인

공상의 세계로 숨는 아이들의 요인은 외부적인 것에서 비롯되는 경우가 많다. 부모의 사이가 나빠서 늘 다투거나 서로 애정이 없어 감정적 이혼 상태에 있는 경우에는 아이를 공상으로 숨게 만든다. 부모 스스로 불안이나 정서적 문제로 인해 아이를 돌볼 수 없다면 자녀의 욕구와 감정을 이해하지 못한다. 자녀를 과도하게 비난하거나 미워하는 부모, 자녀와 감정 교류를 못하는 부모도 아이에게 부정적인 영향을 미친다. 가족 상호관계가 부족하여 가족 관계가 불균형적이거나, 어린 시절 부모와 분리 경험이 있거나, 가족 내 상호작용이 결핍된 경우 역시 아이들에게는 부정적이다. 가족 의사소통 장애도 영향을 준다. 특히 의사소통 스타일이 이중구속(Double Bind)일 때 그렇다. 말로는 자발적으로 공부하라고 하면서 아이가 도서관에 가겠다고 하면 '엄마가 외로우니까 집에 있으라'는 모순된 의사전달을 하는 것이다. 부모, 특히 엄마의 말과 행동이 일치하지 않을 때 문제가 심각해진다.

아이의 특성도 공상 속으로 빠지는 것과 밀접한 연관이 있다. 무감각한 면이 강하거나 적절한 반응, 미소 등의 긍정적 정서 반응을 나타내지 못하는 아이에게서 자주 나타난다. 이런 아이들의 부모는 적절한 정서반응을 일으키려다 실패함으로써 실망과 짜증으로 반응하곤 한다. 이것이 반복되면서 부모의 부적절하고 삭막한 정서가 아이의 조현병을 일으키는 요인으로 작용한다. 이런 아이들은 대체로 여리고 착하면서도 인지 기능이 좋은 편이다. 여리고 착하기 때문에 밖으로 자신의 분노와 억울함, 혼란스러움을 표현하지 못하고 속으로 삭이다가 공상 속으로 들어가는 것이다.

죽음을 생각하는 아이들

• 청소년 자살의 특성

청소년은 자살 시도율이 가장 높은 시기로 청소년 자살자 중 많은 아이들이 우울장애인 것으로 알려져 있다. 자기 나름의 분명한 자살 동기가 있는 경우가 많다. 계획적인 자살보다 충동적인 경우가 많으며, 동반자살 및 모방자살 가능성이 있다. 청소년은 현실 고통에서 벗어나 사후에 해결하려는 환상 또는 가족이나 친구들에 대한 보복으로 자살을 하기도 한다. 최근 아이들이 자신의 신체를 자해한 영상을 찍어 인터넷에 올리는 등 생명을 경시하는 경향도 아이들의 자살에 영향을 미친다.

• 청소년 자살에 대한 오해

아래의 내용들은 청소년 자살에 대한 일반적인 오해와 편견들이다.

- 자살은 유전이다. (×)
- 자살은 아무 단서나 경고 신호 없이 일어난다. (×)
- 자살을 행하는 청소년은 자살에 대해 말하지 않는다. (×)
- 자살에 대해 이야기하는 청소년은 자살하지 않을 것이다. (×)
- 청소년 자살은 충동적인 경우보다 계획적인 경우가 많다. (×)
- 일단 자살하려고 마음먹은 청소년의 자살은 막을 수 없다. (×)
- 치명적이지 않은 자해행동은 단지 관심을 얻으려는 행동이다. (×)
- 자살위험이 있는 사람과 자살에 대해 이야기하는 것은 자살을 부추기는 것이다. (×)

대부분의 교사들은 자살이나 죽음에 대해 직접 언급하는 것을 꺼리는 듯하다. 아이가 민감하게 반응하여 숨겨달라는 말을 해도 자살은 비밀 유지에서 예외다. 자살 시도를 한 경험이 있는 학생을 만나면 먼저 전문적인 상담 기관에 의뢰한다. 학급 아이가 자살 생각을 한다면 반드시 학교 상담실이나 Wee센터 등에 문의하여 1차 면담이 이루어지도록 해야 한다. 정서행동 특성 검사에서 자살 생각이나 시도가 드러날 때에도 전문적인 도움을 받는다. 전문가의 도움까지 시간이 걸린다면 간단한 면담으로 아이와 이야기를 나누면서, 직접적으로 자살에 대해 이야기해야 한다.

자살 면담 사례 1
단순히 '죽고 싶다는 생각만 하는 아이'

- 죽고 싶다는 생각을 한 적이 있니?

- 네, 6학년 때 영어 학원 선생님이 수업 후 화를 내거나 소리를 질
  러서요.

- 선생님이 소리를 지르는 이유가 뭐였니?

- 다른 아이들보다 저한테 더 그랬어요.

- 그렇게 생각한 거야? 실제로 그런 거야?

- 실제로요.

- 영어를 학원에서 제일 못했니?

- 네, 지금은 영어를 열심히 해서 그런 생각을 하지 않아요.

- 다행이네. 죽고 싶다는 생각을 할 수는 있어. 그래도 죽지 않고 다
  시 일상으로 돌아와서 고마워. 다음에는 그런 생각이 들 정도로 힘
  들면 어떻게 하면 좋을까?

- 음… 주변에 도움을 요청해야 할까요?

- 그렇지. 담임선생님이나 부모님, 상담선생님에게 말하고 도움을
  요청하는 게 좋지.

이 아이는 학원 생활이 힘들어서 죽고 싶다는 생각만 하였다. 이런
경우 담임교사나 상담교사의 도움을 받아서 아이의 마음이 풀리면
문제가 발생하지 않는다. 관심을 가져주면 된다.

자살 면담 사례 2
'자살계획을 세웠거나 자살 시도를 한 아이'

- 죽고 싶다거나 죽는 게 낫다고 생각해본 적이 있니?

- 네, 4학년 때부터 6학년까지요.

- 그때 무슨 일이 있었니?

- 친구관계가 힘들었고 부모님도 늘 사이가 안 좋았어요.

- 어떻게 죽어야겠다고 생각했니?

- 수면제를 먹으면 죽는다고 해서 수면제를 찾았는데 없었고, 제 스
  스로 목을 졸랐어요.

- 그래서 어땠니?

- 무섭기도 하고 잘 안 됐어요.

- 죽지 않은 건 정말 잘했다. 잘 견디고 극복해줘서 고마워. (아이가
  힘들어했던 이야기를 듣고 난 뒤) 요즘은 죽고 싶다는 생각이나 계
  획이 있니?

- 아니요. 요즘은 친구도 좋고 학교도 재미있어서 그런 생각을 하지
  않아요.

- 다행이네. 다음에 죽고 싶다는 생각이 들면 어떻게 해야 좋을까?

- 선생님을 찾아오면 될 거 같아요.

- 그렇지. 나와 이야기하고 잘 풀리지 않으면 다른 선생님을 소개해
  줄 수도 있어.

현재 자살 시도나 자살 생각을 하지는 않지만 관심을 가지고 아이 치료에 대해 학부모와 협력해야 한다. 필요한 경우 자살예방 센터나 정신건강증진 센터 등 전문기관에 연락한다.

자살을 생각하거나 시도해본 적이 있는 학생을 만나보았나요? 어땠나요?

• 보건선생님이 아이 손에 자해 흔적이 보인다고 해서 깜짝 놀랐어요. 아이가 절대 이야기하지 말라고 해서 말하지 않았는데 찝찝하더라고요. 상담선생님께 여쭸더니 부모님에게 말씀드리고 상담해야 한다고 해서 그렇게 했어요. 아이에게도 생명에 관련된 거라 비밀을 유지해 줄 수 없다는 말도 하구요.

• 전 자살이란 말은 무섭게 느껴져서 직접 물으면 안 된다는 생각을 해요. 괜히 말하면 자살을 부추길 거 같아서 걱정도 되고요. 작년에 만났던 아이가 자살 생각을 했다는 걸 알았지만 그냥 지나갔어요. 올해 연수를 받는데 그러면 안 된다는 말을 듣고 아차 했어요. 다행스럽게도 그 아이는 '단순히 죽고 싶다!'는 생각으로 그쳤던 아이였죠.

정신이 멍든 아이들 치료하기

*

• 신경정신과의 진단과 약물치료

심한 공격성을 갖고 있거나 자살 시도를 하는 우울 경향, 과도하게 진행된 조현병 경향, 폭력성이 수반된 사이코패스 경향의 아이들은 신경정신과의 정확한 진단과 함께 약물치료가 필요하다. 이런 아이들은 담임이나 상담교사, 부모의 돌봄만으로는 문제를 해결할 수 없다. 문제를 파악해 빠른 조치를 취하면 아이는 짧은 기간 안에 제자리로 돌아온다.

• 학부모 상담을 할 때

말이 통하는 부모의 경우 아이에게 상담 또는 신경정신과 치료를 권했을 때 문제를 빠른 시간 안에 해결할 수 있다. 이런 부모에게는 자신의 양육 방식도 함께 점검해볼 것을 권하는 것이 좋다. 교과서적이고 틀이 강한 부모와 생활하는 아이일수록 정신이 멍드는 경우가 많기 때문이다.

문제는 아이의 치료를 거부하거나 아이의 상태를 인정하지 않는 부모다. 말을 전혀 듣지 않는다고 할지라도 말은 해야 한다. 매년 담임교사에게서 똑같은 말을 들으면 마음을 열 수도 있다. 교사의 조언을 거부하는 부모에게는 지역교육청 Wee센터, 청소년상담복지 센터 등 조금은 편안하게 상담받을 수 있는 곳을 안내해주고 방문해볼 것을 요청한다. 그곳에 가면 아이의 심각한 정도에 따라서 여러 가지 치료 조언을 받을 수 있다. 이렇듯 정신과 병원보다 덜 부담스러운 상담 센터를 먼저 안내하는 것도 하나의 방법이다.

04
가족으로 인한 문제행동

<hr />

가족의 폭력으로 인한 문제

• 가정 폭력 상황과 원인

폭력을 행사하는 사람이 있다. 가해자는 능력 없는 알코올 중독 아버지일 수도, 교양 있는 지식인 아버지일 수도 있다. 자신의 삶에 지친 엄마, 남편에게 맞은 분풀이를 아이에게 하는 엄마일 수도 있다. 때로는 가해자가 부모에 대한 분노와 스트레스를 동생에게 푸는 형제자매다. 폭력적인 아이의 문제를 해결하기 위해 엄마에게 전화를 하면 아무런 관심이 없거나 우울한 느낌인 경우가 많다. 자녀에게 폭력을 행사하는 엄마의 경우 남편에게 폭력을 당할 확률이 높다. 그로 인해 우울하거나 무기력하므로 자녀 문제에 큰 관심을 갖지 않는 것이다.

• 지속적인 폭력을 당하는 아이의 정서와 심리 상태

아이들이 때리는 사람에 대해 느끼는 분노와 미움은 당연한 감정이다. 지속적인 폭력을 당하는 경우 아이들은 분노를 누적하는데, 이는 복수를 해야 한다는 생각과 행동으로 이어진다. 자신이 부모보다 힘이 있다고 느낄 때 복수를 가혹하게 실행한다. 이런 아이들은 일반 아이들이 부모나 어른들에게 하는 반항보다 훨씬 더 심하게 대든다. 폭력을 당한 아이들은 낮은 자존감을 보상하려 힘을 과시하기도 한다. 누군가로부터 폭력을 계속 당하는 아이들은 자신의 힘으로는 어쩔 수 없는 낭패감을 맛보고 이것은 낮은 자존감으로 연결된다. 아이러니컬하게도 이 아이들은 힘으로 친구들을 통제하거나 그룹의 짱이 되려고 한다. 아이들은 자신이 힘이 강해지면 다른 사람들로부터 폭력을 당하지 않을 것이라는 생각으로 자신의 힘을 드러낸다. 그러나 안타깝게도 힘을 과시하면 할수록 내면의 힘은 점점 약해져서 스스로 지탱하기 힘들어진다.

폭력에 오랫동안 노출된 아이들은 감정을 차단한다. 어릴 때부터 감당하기 어려운 폭력을 목격하거나 경험해본 아이들은 화나 두려움 등을 깊이 숨기거나 차단하면서 기쁨이나 행복도 잘 느끼지 못한다.

"가만히 있으면 많이 안 맞으니까 조금만 참으면 돼요. 대꾸하면 더 맞거든요."

이렇게 말하는 아이는 아버지의 폭력적인 말과 체벌을 참고 견디는 동시에 무기력해진다. 이런 심리 상태는 우울로 이어진다. 이 아이의 표정은 어둡다. 억울하게 맞았음에도 불구하고 무기력한 상태라 자신이 맞는 것에 대해 이의를 제기하거나 저항하지 못한다.

지속적으로 폭력에 시달리는 아이들은 누군가에게 매를 맞을 때 당연하고 맞을 짓을 했다고 생각하는 경향이 있다. 자신을 때리는 누군가에 대해 그것이 아무리 폭력적인 행동일지라도 당연하다고 생각한다. 이런 생각을 하면서 맞는 아이들은 학교에서도 학교 폭력이나 따돌림의 피해를 당할 위험도 있다. 이런 관점에서 본다면 교사가 아이를 체벌했을 때 '왜 때려요?'라고 말을 하는 것은 아직 힘이 남아 있음을 의미하므로 긍정적인 신호다.

또 어떤 아이들은 학교에서 잘못을 하는 아이를 고치기 위해 자신이 때려줘야 한다는 정의감으로 폭력을 휘두른다. 억울하게 맞은 자신의 분노 표출이 학교 폭력으로 이어지는 것이다. 폭력에 노출된 아이들은 누적된 억울함과 분노를 학교에서 터트리는 경향이 있다. 특히 억울하거나 무시받는 상황을 못 견딘다. 평소에 감정을 잘 느끼지 못하거나 거의 표현하지 않던 아이들도 본인이 무시받는 상황이 되면 욕이 튀어나오고 폭력적인 행동을 보임으로써 친구들이나 교사들을 놀라게 한다. 폭력적으로 주먹이 나가는 상황을 자세히 살펴보면 무시받았다는 느낌을 받은 것이지 실제로는 그렇지 않은 경우가 많다. 억울하게 당했다고 생각하는 상황 역시 마찬가지다.

교사에겐 신고의무자로서 딜레마가 있다. 가정 폭력을 당하는 아이를 발견했을 때 신고하여 아이가 보호를 받고 나아지면 문제가 없다. 난처한 것은 신고 후 그 아이가 보호받지 못하는 상황일 때인데, 학부모로부터 신고를 했다며 심한 항의를 받기도 한다. 그러나 신고로 인해 가정 폭력이 줄고 조심하는 모습을 보이는 것은 다행이다. 한편으로는 신고할 것을 알기 때문에 아이들이 가정 폭력에 대해 말하지 않으려 한다. 이런 경우 가정 폭력 실태나 상황 파악이 어려워진다.

또 다른 어려움은 교사로 인해 아이가 추가 폭력을 당할 가능성이다. 가정에서 이루어지는 폭력을 모른 상태에서 아이의 문제행동을 부모에게 연락하거나 의논하면, 그날은 아이가 더 심하게 폭력을 당할 가능성이 있다. 폭력을 당한 아이는 담임이 원인 제공자라는 생각을 갖게 되어 더욱 저항하고 관계가 더 나빠진다.

한편 밖으로 드러나는 아이들의 폭력적인 행동에 대한 다른 시선이 있다. 감정을 폭발하는 행동이 어른이나 타인의 입장에서 보면 나쁘다. 하지만 감정을 폭발하는 본인만 생각한다면 분노와 미움, 상처를 마음에 담아둔 채 무기력한 상태로 지내는 것보다는 차라리 공격적으로라도 드러내는 게 낫다. 밖으로 표출하는 것 자체가 힘과 에너지, 의욕이 있음을 의미하기 때문이다. 아이들은 타인을 향한 공격성을 보인다. 따라서 늘 관심을 가지고 적절하게 대처하면 도움이 될 수 있다. 아이들 내부로 숨어든 분노와 우울은 타인이 모를 가능성이 커서 문제가 더 심각해질 수도 있다.

이혼 가정에 대한 이해

✴

• 한부모 엄마

이혼하여 혼자 아이를 잘 키우는 엄마들이 많다. 사실 이혼은 큰 문제가 되지 않는다. 이혼은 아무런 흠이 아니며 엄마 혼자서도 아이를 더 잘 키울 수 있다. 그럼에도 불구하고 이혼한 많은 엄마들은 아이에게 죄책감을 가지고 미안해한다. 정상적인 가정에서 아이를 자라게 하지 못한다는 미안함과 더 잘해주지 못한 것에 대한 죄책감이다. 엄마는 미안함 때문에 아이의 요구를 충족시켜주면서 자신을 희생한다.

아이들은 엄마의 미안함이나 죄책감을 견디기 힘들다. 당당하지 못한 엄마의 모습을 싫어하고 부담스러워한다. 미안함을 보상하기 위한 엄마의 과잉보호가 자칫 아이를 자신만 생각하는 이기적인 모습으로 만들 수 있다. 특히 사춘기의 아이는 자신을 위해 희생하는 엄마에 대한 부담감과 미안함으로 마음의 갈등을 일으킨다. 이는 문제행동으로 나타나기도 한다.

교사는 죄책감을 가진 부모에게 '어떤 행동이든 그것은 그때 당신이 선택할 수 있는 최선이었다'는 말로 위로해주는 것이 좋다. 이혼이라는 선택이 아이들에게 부정적인 영향을 미쳤다면 진심으로 사과하고, 긍정적인 변화를 만들었을 수도 있음을 말해준다. 아울러 가장 문제가 되는 것은 엄마의 죄책감과 당당하지 못함이라는 것도 강조한다. 엄마의 미안함은 아이를 안하무인으로 만들 가능성을 제공한다. 죄책감 때문에 아이에게 휘둘리는 것이다.

경제적인 이유로 아이를 짐처럼 느끼거나 복잡한 이성관계로 아이들을 돌보지 않는 한부모 엄마도 있다. 현실적인 어려움이 있지만 아이를 보호할 수 있도록 최대한 엄마를 설득하고 아이의 마음을 잘 보듬어주어야 한다. 이런 상황에 노출된 가정의 엄마와 아이는 교사의 많은 돌봄이 필요하다.

• 한부모 아빠

아빠 한부모 역시 늘어나는 추세다. 우리나라는 자녀교육을 엄마에게 맡기는 경향이 있기 때문에 아빠들은 아이의 교육에 대해 잘 모른다. 아이의 학교생활을 어떻게 지원해야 할지 막막해한다. 이때는 교사가 최대한 많은 정보를 제공해서 부모의 교육으로 도와야 한다. 가끔 알코올 중독이나 폭력적인 한부모 아빠를 만날 때도 있다. 아이가 폭력에 노출되지 않도록 더 많은 관심을 가져야 한다.

• 조부모

자녀의 이혼으로 손자녀를 돌봐야 하는 조부모인 경우 경제적 여유가 있거나 호의적이라면 큰 문제가 발생하지 않는다. 오히려 부모보다 아이를 더 잘 키울 수도 있다. 그러나 조부모 입장에서 아이가 노후에 맡겨진 짐이라는 생각으로 귀찮아한다면 아이들이 마음 둘 곳이 없다. 손자녀를 키우는 많은 조부모들은 동거하지 않는 부모를 부정적으로 비난한다. 같이 살지 않는 친부모에 대한 비난은 아이를 혼란 스럽게 만들고 관계에 부정적인 영향을 미친다. 친부모에 대한 비난은 아이를 위해 자제하도록 요청한다. 세대차로 인한 언어 사용, 경제 관념, 행동 등으로 인한 갈등도 많다. 조부모에게 요즘 아이들의 특성과 행동 방식을 알려줄 필요가 있다.

부모의 양육 태도에 대한 이해

• 간섭하고 잔소리하는 강압적인 학부모

좋은 부모가 되고 싶은 마음과 달리 많은 부모들은 자신이 부모로서 자질이 부족하다는 불안이 있으며 자신감도 없다. 좋은 부모가 될 수 있는 자신의 능력을 믿지 못하는 것이다. 그래서 자신이 어릴 때부터 익숙한 강압적인 태도를 취한다. 그 방법이 아이들을 키우는 데 올바르고 필요한 것이라고 여기면서 말이다. 지나칠 경우 아이를 때리기도 하는데 그렇게 하지 말라는 교사의 말에 '저도 어릴 때 많이 맞고도 잘 자랐어요. 제 아이 제가 마음대로 하는데 무슨 상관이세요?' 라는 대응을 한다.

강압적인 부모들은 자신이 해야 할 일을 하지 않는 부모가 되기 싫은 마음에 끊임없이 지시하고 잔소리한다. 그렇게 하지 않으면 역할을 다하지 못한 부모 자신의 문제라고 여긴다. '저도 할 만큼 했는데 아이가 왜 그러는지 이해할 수 없어요. 제가 얼마나 노력하고 많은 것을 포기했는데'라고 말하는 부모들은 아이의 요구를 충족시켜주는 것이 아닌 자신이 할 만큼 했다는 것이 문제임을 알지 못한다.

이 부모들은 자녀를 걱정하고 믿지 못하기 때문에 강압적이다. 끊임없이 불안해하고 짜증을 내면서 위협적인 목소리로 자녀에게 지시하고 또 지시하고 말을 바꿔서 다시 지시한다. 아이가 말을 듣지 않으면 야단치고 명령하고 재차 확인한다. 반복적으로 지시하고 걱정하고 잔소리로 밀어붙임으로써 아이의 행동을 통제하려 한다. 자녀가 자신과는 다른 시대와 경제적인 상황에서 살아가는 존재라는 사실을 잊는다. '우리 부모는 돈이 없어서 난 하고 싶어도 못 했어! 너는 하고 싶은 것 다 해, 내가 모든 뒷바라지를 해줄게!'

강압적인 부모는 자신의 뜻대로 아이가 반응하지 않을 때 화를 내거나 때리기도 한다. 이런 부모들은 도리와 책임감에 억눌려 강압적인 모습을 갖곤 하며 아이들이 스스로 생각하고, 관심을 발견하며 계발할 시간을 주지 못한다. 그것을 무관심한 것으로 여기기 때문이다.

• 자녀에게 휘둘리는 유약한 학부모

자녀가 부모의 삶에서, 특히 어머니의 삶에서 각별한 자리를 차지하고 있는 아이, 결혼 후 한참 뒤에 태어난 늦둥이, 바라고 바라던 아들일 경우 등등 이런 상황의 부모들은 아이의 모든 것을 받아주려 한다. 이로 인해 아이는 늘 갑의 위치에 서고 어른마저 을로 만들면서 안하무인이 될 가능성이 있다. 욕구 좌절을 경험할 기회를 박탈당함으로써 양보와 배려를 배우지 못한다. 결과적으로 친구들과 함께 생활하는 학교 적응에 어려움이 있다. 최근 유치원 아이들의 문제행동이 증가하는 이유 중 하나도 가족에게 각별한 위치를 차지하는 아이들이 많기 때문이다. 부모뿐만 아니라 조부모마저 아이에게 휘둘린다.

자신을 희생하여 타인의 행복을 추구하고자 하는 엄마의 성격 때문에 자녀에게 휘둘리기도 한다. 부모인 자신은 아무 권리도 갖지 않은 채 자녀의 요구와 필요부터 늘 먼저 생각한다. 아이에게 '안 된다'라는 말을 하거나 제동을 걸지 못한다. 희생적인 부모를 숭고하게 보는 사회 분위기도 한몫 거든다고 생각한다.

자신은 좋은 부모가 아니고, 아이를 진정으로 사랑하지 않는다는 죄책감을 가지고 있을 때에도 유약한 부모가 되기 쉽다. 부모의 죄책감은 아이에게 전달되어 더 강하게 자신의 요구를 주장하는 빌미를 준다. 강한 요구를 거절하지 못한 엄마에게 아이는 더욱 강한 갑의 위치에 서 있으려고 한다. 어떤 부모는 아이를 사랑하고 존중하는 것이 곧 아이의 모든 요구를 들어주는 것이라고 착각한다.

좋은 부모가 되기 위해서는 아이의 충동적인 경향에 꺾이지 말고, 선별하여 제어해야 한다. 최적의 좌절을 경험하지 못한 아이들은 성장할수록 욕구를 통제하는 일에 어려움을 겪고, 뜻대로 되지 않을 경우 분노를 폭발하거나 공격적일 가능성이 있다. 좋은 부모는 상대적인 경우가 많다. 내 아이에 맞춘 대응이 필요하다. 어쩌면 내 아이에게 당당하고 끌려다니지 않는 부모가 좋은 부모일지도 모른다.

• 교양 있는 학부모

아이의 미숙한 행동에 대해 나쁘다 또는 악하다고 하면서 야단을 치는 것은 어린이를 때리는 것과 같다. 지속적인 선과 악으로 나누는 야단이나 훈계는 아이가 자신을 비하하도록 만들고 죄책감을 갖도록 한다. 이것이 교양 있는 학부모가 가진 함정이다.

교과서적이고 우아한 교양은 아이를 숨 막히게 한다. 아이들은 거짓말하면 안 된다는 것을 알지만 현실적으로 실천하기 어렵기 때문에 거짓말을 한다. 거짓말을 한 번도 하지 않는 아이는 이 세상에 없다. 부모는 아이가 거짓말을 하게 된 상황 파악이나 이해하려는 모습 대신 무조건 거짓말은 나쁘니까 하지 말라고 훈육한다. 이것은 아이를 질리게 만들고 강박 경향으로 진행될 우려가 있다. 이런 경향의 부모를 둔 아이들은 잔소리를 듣는 것보다는 차라리 한 대 맞는 것이 낫다는 말을 자주 한다.

• 자신의 삶을 하소연하거나 넋두리하는 학부모

경제적으로 어려움이 있는 학부모, 부부 사이나 고부 갈등이 있는 어머니들이 담임을 만나 아이 이야기를 하다 보면 넋두리로 이어지고 때로는 감정이 복받쳐 울기도 한다. 스스로도 당황스럽지만 눈물을 멈추기는 어렵다. 이때 교사가 할 수 있는 일은 그냥 그대로 상대방의 감정이 흘러가는 대로 함께 있어 주는 것이다. 하소연과 넋두리가 지속적으로 반복될 경우 정중하게 거절하고, 상담받을 수 있는 곳을 안내한다. 교사는 학부모의 개인상담자가 아니다.

• 잦은 전화와 방문을 하는 과잉보호 학부모

과제나 준비물, 알림장 등 세세한 문제로 담임과 연락하지만 지나치게 전화나 SNS를 하는 학부모가 종종 있다. 필요한 연락은 허용하지만 퇴근 후 교사의 사생활을 침범하거나 교사를 개인 비서로 여길 때에는 단호하게 거절해야 한다. 아울러 부모가 왜 이런 행동을 하는지 상담을 할 필요가 있다. 이런 부모가 많아지고 있는 점이 안타깝다.

과잉보호 학부모는 아이를 믿지 못하는 불안이 있다. 자신의 불안 때문에 끊임없이 아이를 보호하고 챙긴다. 이런 부모에게는 지속적으로 아이를 보호했을 때 나타날 수 있는 문제에 대해 말해야 한다. 아이가 의존심이 많아지고 독립심과 자립심, 자신감이 줄어 점점 스스로 할 수 있는 일이 없어진다.

"어머니가 평생 아이의 모든 것을 챙겨주고 삶을 대신 살아줄 수는 없잖아요. 숙제를 안 하거나 준비물을 안 챙겨와서 야단을 맞아야 행동이 나아질 수 있어요."

과잉보호 학부모의 심리는 아이가 잘못하면 부모인 자신이 비난받는다고 생각한다. 실제로 가족으로부터 비난을 받는 상황일 수도 있다.

생각해
보기

선생님의 초등학교 시절, 부모님은 어떤 분이셨나요?

생각
나누기

• 치맛바람이 유독 심한 엄마였던 거 같아요. 늘 학교에 찾아오셨기 때
  문에 저를 모르는 선생님이 없을 정도였죠. 초등학교 때는 그런 엄마
  가 싫지 않고 잘 몰랐는데, 중학교까지 그러시니까 싫었어요. 그래도
  엄마는 계속 학교에 오셨죠.

• 우리 부모님은 저에게 잘해주셨지만 학교에는 거의 오지 않는 분이
  셨어요. 학교 선생님이 하는 일에는 협조적이셨죠. 별다른 말씀도 없
  이 선생님을 믿으셨던 거 같아요.

• 저는 엄마보다 아빠가 더 걱정이 많으셔서 학교도 찾아오고 선생님
  도 만나고 그랬어요. 그게 좋았던 것으로 기억해요. 저 때문에 부모님
  이 싸우는 일도 있었던 거 같아요. 지금 생각하면 두 분의 교육관이
  맞지 않았던 거죠.

가족 문제
교실 서클

● ● ●

· 가족 관계 탐색을 위한 교실 서클 질문 ·

서클의 목적

• **가족 구성원 관계와 분위기 탐색**

여는 질문

• **내가 제일 좋아하는 음식은?**
• **우리 엄마(아빠)가 가장 잘하는 요리는?**

주제 질문

• **엄마 또는 아빠에게 가장 많이 듣는 잔소리(또는 꾸중)는 무엇인가요?**
• **엄마 또는 아빠에게 서운할 때는 언제인가요?**
• **엄마 또는 아빠에게 사랑받고 있다고 느낄 때는 언제인가요?**
• **엄마 또는 아빠가 화를 낼 때는 언제인가요?**

닫는 질문

• **우리 가족을 한 단어로 표현한다면?**
• **우리 가족에게 가장 필요한 것은 무엇일까요?**

• 가족 구성원 간 갈등 탐색을 위한 교실 서클 진행 사례 •

서클 안내

Q 오늘은 친구들과 형제와 자매 이야기를 해볼까 해. 이 모임에는 규칙이 있는데, 선생님이 지금 들고 있는 토킹 스틱을 가진 사람만 말할 수 있어. 다른 친구들이 이야기할 때는 들어야 해. 그리고 여기서 하는 이야기는 비밀을 지켜줘야 해. 선생님이 질문을 하고 나서 생각할 시간을 30초 정도 줄 거야. 생각할 시간을 주는 이유는 친구 이야기를 잘 듣기 위해서야. 생각이 끝나면 토킹 스틱을 가진 친구부터 이야기를 시작하고 끝나면 스틱을 돌리면 돼. 물론 선생님도 대답을 할 거야. 혹시 질문 있니?

A 욕해도 되나요?

Q 가급적이면 욕을 안 하는 게 좋겠지. 그러나 허심탄회하게 대화하는 자리니까 특별히 욕을 허용해줄게요. 그러나 함께 이야기를 나누는 친구들에게 욕을 하는 건 안 돼. 친구가 말하는 동안 방해하거나 장난을 쳐도 안 돼요. 친구의 말을 잘 들어야 해, 그럼 진짜로 시작해볼까?

여는 질문

Q 우리 집이라서 좋은 점은?

A 엄마 아빠가 사이가 좋아요. 자유로워요. 집이 3층이라 편해요 등.

Q 형제 관계는 어떻게 되나요?

A 누나 1명이요, 형 하나, 여동생 하나요. 전 혼자예요 등.

주제 질문

Q 언니(누나, 형, 동생)가 있어서 좋은 점은?

A 맛있는 거 사줄 때요. 모르는 건 물어볼 수 있어요. 전 혼자라 나 혼자 쓸 수 있어요. 심심할 때 같이 놀아줘요 등.

129

Q 언니(누나, 형, 동생)의 어떤 점이 마음에 들지 않을 때는?

A 누나가 심부름을 너무 많이 시켜요. 형이 때려요. 동생이 깐죽거리고 말을 잘 듣지 않아요. 전 혼자라 외롭고 심심해요. 동생이 내 말을 잘 안 들어요. 부모님이 저만 야단쳐요. 제가 형이라서요. 제가 동생인데 안 참는다고 저한테만 뭐라 그래요 등.

Q 엄마(또는 아빠, 가족)가 차별을 한다고 생각할 때는 언제인가요?

A 언니 말은 들어주는데 제 부탁은 들어주지 않을 때요. 누나는 옷도 사주면서 전 프라모델 말하면 안 사줘요. 그런 거 필요 없다고요. 형은 인터넷 많이 하고 전 못하게 해요. 형이 좋아하는 치킨은 자주 사주고 제가 좋아하는 피자는 안 사줘요 등.

Q 형제가 없다면 어떨 것 같아요?

A 완전 좋을 거 같아요. 맛있는 거 나 혼자 먹고요. 부모님께 야단도 많이 안 맞고요. 비교도 안 당하고. 전 형제가 있으면 좋겠어요. 혼자라서요 등.

닫는 질문

Q 오늘 형제 이야기를 해보니까 어땠나요?

A 속이 시원했어요. 다른 애들도 누나나 형 때문에 스트레스를 많이 받는 걸 알았어요. 그냥 혼자 있는 게 제일 속 편한 거 같아요. 재밌어요. 다음에도 또 해요. 마음에 있는 말을 했어요 등.

상처와 갈등을 넘어 치유와 성장으로!

Part 4

갈등해결을 위한
교실 상담

01
학교 폭력 vs 학교 갈등

·····································

학교에서 일어난 폭력

아이들의 갈등해결에는 시간이 필요하지만 학교 폭력의 관점에서
는 최대한 빨리 해결해야 한다. 언론에 늘 나오는 말들은 다음과 같다.

- 학교에서 신속하고 적절한 조치를 안 했다.
- 은폐하려고 하면서 학교 폭력 관련법을 위반했다.
- 절차대로 하지 않았다.

그로 인해 학교는 시간의 압박과 재촉을 받는다. 사안을 은폐하거
나 문제를 축소하려는 일부 학교가 있는 현실이 안타깝지만, 대부분
의 학교는 그렇지 않다. 해결을 위해 노력하고 아이들의 변화를 기다

린다. 갈등해결의 시간마저 은폐로 매도당하면 교사 역시 빠른 해결을 위해 아이들을 재촉할 수밖에 없다.

갈등과 문제의 이유를 찾고 아이들 스스로 성찰하고 문제를 해결하는 데에는 기본적으로 걸리는 시간이 있게 마련이다. 그러나 사회는 이런 모습을 용납하지 않는다. 학교에서 일어나는 비교육적인 모습으로 인해 학교 폭력은 더 심각해지고 있는지도 모른다. 이것은 부모와 사회뿐만 아니라 아이들마저 갈등을 인내하는 능력을 상실하게 만들고 강제 화해를 위한 노력에 시간을 낭비하도록 만든다. 그나마 다행인 것은 정책숙려제를 통해 경미한 학교 폭력에 대해 학교 자체 종결 권한을 부여하고, 학생부에 기재하지 않는 방안을 논의하고 있다는 점이다. 학교 폭력을 교육적이고 회복적으로 풀어갈 기회가 많아지기를 희망한다.

가해자 vs 피해자

✳

교실이나 학교에서 갈등이 일어났을 때 언제나 가해와 피해가 분명한 건 아니다. 어떤 아이는 늘 가해자이고, 어떤 아이는 늘 피해자일 수 없다. 이번 일에 가해자였던 아이는 다른 갈등의 피해자일 수 있듯이, 늘 뒤죽박죽 다양한 모습으로 아이들은 다툰다. 아이들과 함께하는 교사에게 이런 모습은 매우 자연스럽다.

사안을 빠르게 해결하는 과정에서 가해자는 그렇게 행동한 이유에 대한 입장을 이해받지 못한 채 쏟아지는 벌과 비난을 받는다. 그래서 가해 아이는 정확하게 뭘 잘못했는지 모르거나 안다고 해도 인정하고 싶지 않은 자신의 잘못에 대한 반성 대신 피해자를 원망하고 억울해한다. 벌 또한 수긍하지 못한다. 이때 학부모가 개입하면 문제가 더 커진다. 가해자가 그런 행동을 하게 된 원인을 먼저 찾고 공감해야 한다. 그 아이의 행동을 잘했다고 칭찬하자는 것이 아니다. 그런 행동을 하게 된 나름대로 이유가 있을 것이다. '뭘 잘했다고 말이 많아!'라고 말문을 막아버리면 다음에 또 싸운다. 상황을 충분히 말하도록 기회를 준 다음 자신 때문에 피해를 입은 상대방의 상처와 영향에 대해 묻는다. 그 과정에서 아이는 입장을 바꾸어서 생각해보고 자신의 잘못을 깨닫는다.

반면에 피해자를 만날 때에는 피해자의 상처와 입장, 억울함을 이해하고 다독거리는 것이 먼저다. '너도 잘못한 게 없는 건 아냐!'라는 말은 도움이 되지 않는다. 피해 학생에게는 가해자에 대한 비난을 포함하여 울분을 표현할 기회부터 주어야 한다. 가해자든 피해자든 마음을 풀고 난 후에야 성찰과 성장의 시간을 가질 수 있다. 이때 혹여 가해 학생 스스로 자신의 잘못이라고 고백한다면 피해 학생에게 미안한 마음을 말하도록 한다. 잘못을 빨리 처벌하고 처리해야 한다면 이런 과정이 생략될 수밖에 없다. 시간을 고려하지 않고 문제해결만 서두른다면 가해 아이들이 가혹한 처벌을 받은 후에도 심리적인 문제가 남게 된다.

아이들에게 처벌보다 중요한 것은 심리적인 문제를 해결하고 돕는 것이다. 아이들은 신체뿐 아니라 심리 정서의 성장 시간이 다르다. '아이들을 어떻게 벌할 것인가?'라는 관점 대신 '아이들을 어떻게 도울 것인가?'를 더 많이 고민해야 한다. 벌을 주는 것만으로 마무리한다면 아이들은 또다시 새로운 문제와 갈등을 일으킬 것이다.

학교 갈등에 대한 이해

아이들의 사소한 다툼부터 심각한 싸움까지 갈등은 언제나, 어디서나 일어난다. 2명만 있어도 갈등이 일어나는데 몇 백 명의 학생들이 서로 싸우지 않고 갈등하지 않는 것이 더 이상한 일이다. 문제는 갈등을 있는 그대로 맞닥뜨리기보다는 빠른 문제해결을 위해 강제 화해와 사과를 독촉하는 데에 있다.

초등학교 때 해결되지 않은 문제는 결국 중학교에 와서 터진다. 갈등을 무마하는 것은 아이들에게 전혀 도움이 안 된다. 시간이 걸리더라도 깔끔하게 해결하는 것이 좋다. 해묵은 갈등이 뒤늦게 터져나오면 수습하기 어렵고 때로는 수습이 불가능하다. 그렇다면 학교에서 합리적인 갈등해결 방법을 가르쳐야 한다. 무엇보다 학생 스스로 관계회복을 위해 노력할 때, 갈등은 성장을 위한 배움의 기회가 될 수 있다.

아이들은 친구와의 싸움이 자신과 친구만의 문제가 아니라는 것을 알아야 한다. 자신이 친구와 하는 사소한 말다툼이 학급 분위기와 아이들, 그리고 선생님의 행복에 영향을 미친다는 사실을 알 필요가 있다. 아는 것 같지만 사실 아이들은 자기 기준으로 생각, 판단하기 때문에 잘 모른다. 사소한 다툼과 갈등이 많은 사람과 밀접한 관련이 있음을 깨닫는다면 아이 스스로가 더욱 절제하고 관리하게 될 것이다.

갈등해결을 준비하는 학교

*

갈등이 발생하면 사람을 탓하기보다 문제에 초점을 맞추면서 갈등 자체를 해결해야 한다. 물론 갈등을 최소화하기 위한 노력은 학교와 학생, 그리고 교사가 함께해야 한다. 여기에 학부모와 사회도 같이 노력한다면 더 효과적이다. 갈등을 해결하기 위해 전체가 움직여야 하는 것이다. 특히 교사가 아이들의 갈등을 해결할 때 좀 더 너그럽고 편한 마음으로 지도한다면 문제 아이에게 한결 더 긍정적으로 작용한다. 교사의 자애로운 마음을 보고 느끼는 학생이 남을 공감하는 법을 배운다. 너그러운 교사의 지도가 아이에게 영향을 미침으로써 아이 스스로 반성하는 것이다.

이 책에서 소개하는 서클을 통해 서로를 이해하고 수용하는 과정 역시 갈등해결에 도움이 된다. 학급 구성원 모두 서로 연결되어 있다는 경험을 하면 서로 존중하는 마음이 생길 것이다. 학교 폭력을 빠르게 해결하는 것보다 학생과 교사, 학부모, 사회가 함께 성찰하고 고민할 시간이 필요하다. 건강한 갈등해결은 처벌에 비해 시간이 오래 걸

려서 현재 학교 교육과정에 지장을 초래할 수도 있기 때문에 교사는 어떤 방법으로 지도할 것인지를 두고 고민할 수밖에 없다.

02
친구관계 갈등

....

따돌림을 시키는 아이들

✳

    따돌림을 시키는 아이들은 타인과 자신에 대한 포용력이 대체로 낮은 편이다. 이런 아이들은 상대방 아이가 '지저분해서 또는 구질구질해서' 또는 '공부를 못해서' 싫다고 말한다. 때로는 '잘난 척해서, 친구들한테 자기 욕을 해서'라거나 그냥 '재수가 없어서 그랬다'라는 말을 한다. 이것은 따돌림을 시킨 아이가 친구를 수용하고 이해하는 폭이 좁음을 의미한다. 심리적으로 볼 때 타인에 대해 수용력이 낮은 사람은 자기 자신의 모습에 대한 수용력도 낮다.

    많은 아이들은 자기 모습과 닮은 친구를 좋아하거나 싫어한다. 자존감 높은 아이는 자신을 닮은 아이를 좋아한다. 반면에 자존감이 낮은 아이들은 자신을 닮은 친구를 싫어하고 싸운다. 후자의 아이들이 자신을 닮은 아이를 따돌림하는 경우도 많다. 한편 자신의 힘을 과시하여 많은 아이들을 자기편으로 만들고자 하는 아이들도 있다. 이런 아이들에게는 누군가의 희생이 필요하다. 그래서 뭔가 부족한, 힘이 약하거나 공부를 못하거나 장애를 가진 아이들, 즉 약한 대상을 골라 지속적으로 때리거나 괴롭히면서 다른 친구들에게 겁을 준다. 이를 통해 아이는 자기편을 늘리고 다른 아이들이 자신을 두려운 아이로 각인시켜 복종하도록 만든다.

따돌림을 당하는 아이들

*

피해의식이 있는 아이들은 친구들과 선생님, 그리고 세상이 자신을 싫어한다는 생각을 한다. 자신이 무시당하고 피해당하거나 차별받는다고 생각한다. 나를 싫어한다는 생각은 알게 모르게 무의식적으로 상대방에게 전달되어 결국 정말로 따돌림을 당하는 일이 벌어지기도 한다. 이런 점 때문에 피해의식이 강한 아이들은 따돌림을 당할 가능성이 높다. 따돌림을 당하는 아이들은 자신이 하지 못하는, 해서는 안 되는 행동이나 말을 하는 아이들의 잘못들을 교사에게 고자질하는 경향이 강하다. 이에 대해 교사가 반응을 보임으로써 상대 아이를 혼내면 고자질을 한 아이가 친구들로부터 외면받을 확률이 높다. 친구들의 학교생활을 간섭하거나 고자질하는 문제는 교실에서 지속적으로 고칠 필요가 있다.

한편 아이의 외모, 즉 얼굴이 못생겼거나 심하게 뚱뚱한 체형 때문에 따돌림을 당하는 경우에는 따돌림을 시키는 아이의 잘못인 경우가 많다. 옷차림이 깨끗하지 못하거나 잘 씻지 않아 냄새가 나는 문제는 가정에서의 돌봄이 부족한 경우일 수 있으므로 교사의 관심과 도움이 필요한 상황이다.

자신이 모든 것을 주도하려는 성격 때문에 따돌림을 당하는 아이는 다른 아이들도 주도하고 싶음을 이해하고 배려를 익혀야 한다. 친구들이 자신을 싫어할 거라는 두려움으로 다가가지 못하거나, 책임감이 없어서 모둠 활동에 불성실한 아이는 스스로 고치려는 노력을 해야 한다. 대체로 이런 아이들은 마음을 표현하지 못하거나 친구들의 문제라고만 생각하고 자신의 행동은 고치려고 하지 않는다. 부모도 이에 동조하는 모습을 보인다. 친구 탓만 하면서 자신의 행동을 고칠 기회를 놓치면 고학년이 되어도 친구관계를 회복하지 못한다.

학급 따돌림과 교사

＊

교사들은 따돌림에 관계된 아이들이 왜 그러는지, 어떤 상처나 고통이 있는지, 가정의 문제는 없는지 등 다양한 각도에서 원인을 찾고 주의를 기울여야 한다. 교사의 반응이나 마음이 학급 따돌림에 영향을 미칠 수 있음도 기억해야 한다. 특히 주도권 싸움을 강하게 하는 아이들의 경우 더욱 그렇다. 담임으로부터 상반된 평가를 받는 두 아이 사이에 따돌림이 발생했을 때에는 다른 반응과 대처를 한다.

교사가 자신도 모르는 사이 학급 따돌림을 만들어낼 가능성도 있다. 친구 일에 간섭하고 고자질을 잘하는 아이를 학급 아이들이 따돌린다는 이유로 두둔하면, 그 아이가 더 심한 따돌림을 당할 수도 있다. 반대의 상황도 마찬가지인데, 친구를 무시하거나 은근히 소외시키는 아이에게 심부름을 시키거나 일을 맡기면 이 아이의 따돌림 시키는 행동 역시 지속될 것이다. 공부 못하는 아이를 이해하지 못하는 교사라면, 그 아이가 따돌림을 당하는 데 일조하는 것일 수 있다. 교사의 좁은 이해심이 학급 아이들이 다른 아이들을 수용하는 데 영향을 미치는 것이다.

선생님이 만난 따돌림당하는(또는 시키는) 아이는 어떤 아이였나요? 이 아이를 선생님은 어떻게 대하나요?

• 친하게 지내는 4명의 아이들이 있었어요. 그런데 그중 1명이 차례대로 3명을 따돌리더니, 나중에는 따돌림을 당했던 3명이 처음 따돌림 주도한 아이를 따돌리더군요. 1명이 돌아가면서 따돌리다가 주도

했던 그 아이가 따돌림을 당하니까 일이 커지더라고요. 중간중간 불러서 이야기도 하고 문제를 해결해보려 했는데 쉽지 않았죠. 처음 따돌림을 주도했던 그 아이의 엄마가 오면서 일이 커졌어요. 그 아이가 따돌림을 주도한다는 말을 들려주자 시큰둥하더니 자기 아이가 피해를 본다니까 화를 내더군요. 처음부터 빨리 대처했으면 좋았을 텐데요. 전 친하게 지내면서 1명씩 따돌림을 시키는 아이들이 도저히 이해되지 않았어요. 제가 남자인지라 여학생들의 친구관계를 잘 이해하지 못한 것일 수도 있고, 아무튼 일을 해결하느라 너무 힘들었어요.

• 어떤 아이가 친구들 사이를 계속 이간질하더라고요. 그런 모습이 보여서 대화를 해봤는데, 원래부터 저런 기질의 아이인가? 하는 생각이 들어서 어떻게 말해야 할지 막막하더라고요. 친구들과 사이는 좋아 보이는데, 자신보다 조금 괜찮거나 친구들에게 인기가 많은 애한테 그러는 것 같아요. 어린아이가 그러니까 보기 싫더라고요.

요즘 아이들의 친구관계

✳

　최근 사회적으로 함께보다는 혼자 생활에 더 익숙한 사람들이 많아지고 있다. 이는 하나의 흐름으로 아이들 사이에서도 이런 모습이 나타난다. 친구를 사귀고 싶은 마음이 별로 없거나 공동생활에 관심이 없는 것이다. 이런 아이들은 웹툰이나 유튜브 등 인터넷 활동이 많고 학교에 와서도 주로 혼자 그림을 그리거나 움직인다. 이처럼 친구의 필요성을 느끼지 못하거나 혼자 지내는 것이 더 편하다고 말하는 아이들이 생각보다 많다. 자발적으로 이런 태도를 가진 경우라면 문제가 아니지만 친구관계에서 상처를 받아서 이렇게 되었다면 상담과 관심이 필요하다.

또래보다 사회성이 부족해서 친구를 사귀지 못하는 아이들도 종종 있다. 인지 학습적인 면에서는 또래와 비슷하거나 뛰어난 반면에 사회성과 대인관계 면에서 많이 뒤지는 것이다. 이 둘의 차이가 클수록 친구들과 관계 맺기가 어려워 학교 적응이 힘들다. 하지만 그 차이를 줄이는 것은 쉽지 않다. 이런 아이들은 친구 대신 교사와 소통하고 대화하려 한다. 더 심각한 것은 학부모들의 반응이다. '아이가 공부는 잘한다'는 말로 대수롭지 않게 여기고 상담마저 거부한다. 또래에 비해 애어른 같은 행동을 하거나 친구들에게 상처를 주는 말과 행동을 하는 아이들도 친구관계에서 어려움을 겪는다.

• • •

· 개인상담(예시) ·

Q 요즘 친구관계는 어떤 편이니?

→ 아이가 이야기를 시작함

Q 언제부터 친구관계에 어려움이 있었니?

→ 아이의 이야기를 들음.

Q 너와 관계가 좋지 않은 또는 너를 싫어하거나, 네가 싫어하는
그 아이는 어떤 아이니?

→ 이야기를 들을 때는 충분히 공감하고 맞장구치며 상대방 아이
(들)에 대해 함께 흥분하는 것도 도움이 됨. 그 아이들이 문제구
나… 공감하고 나서(1~2회 상담 후)

Q 그 아이(들)가 널 싫어하는 이유를 알고 있니? 그 부분을 고칠
생각이 있니? 아니면 별로 신경 안 쓰니?

→ 고치고 싶지 않고 신경 안 쓰인다면 그 모습 그대로 살아가는
것도 나쁘지 않다고 말해줌. 단 교사가 보기에 그 부분을 고치
는 게 좋다면 선생님의 의견을 말해줄 필요가 있음.

→ 이유를 알고 "고칠 생각이 있어요. 어떻게 해야 할지 모르겠어

요."라고 아이가 말하면 구체적으로 담임이 어떻게 도와야 할지 고민함. 필요하면 상담을 추천할 수도 있음. 학급 아이들의 도움을 받고 싶다면 학급 문제해결 서클을 진행하는 것도 좋음. 단, 아이의 내면이 강해야 하고 준비를 단단히 해야 함을 알려야 함.

Q 싫어하는 이유를 잘 모른다고 하면 네가 생각해본 이유는 있니?

→ 이야기를 나누면서 아이들이 싫어하는 이유를 찾아보고, 문제를 깨닫도록 지도함.

Q 부모님은 어떻게 말씀하시니?

→ 부모님의 대처 방식을 통해 아이의 친구관계 형성 패턴과 원인을 발견할 가능성이 있음.

● ● ●

• 교사가 할 수 있는 질문(예시) •

유형 1. 모든 아이들이 자신을 싫어한다고 생각하는 아이

Q 모든 아이들이 널 싫어하니? 널 싫어한다고 생각하는 거니?

Q 널 싫어한다고 말한 아이는 몇 명이니?

Q 우리 반(또는 학년) 아이들이 30명이면 너를 싫어하는 친구는 몇 명 정도 될까? 좋아하는 애는 몇 명 정도 될까? 나머지 아이들은 어떨까?

> **Tip** 대부분의 아이들은 그 아이에게 관심이 없을 확률이 높다. 이런 대화를 하다 보면 '모든 아이들이 자신을 싫어하지 않는다'는 사실을 깨닫는다.

유형 2. 친구에게 잘 다가가지 못하는 아이

Q 그 아이들과 함께하고 싶은 마음은 있니?

Q 혹시 네가 친구들에게 다가가지 못하는 이유가 있니?

Q 이전에 그렇게 하다가 상처를 받은 경험이 있니?

Q 네가 할 수 있는 일은 어떤 걸까?

> **Tip** 이전 친구관계에서 받은 상처는 아이들에게 큰 상처를 남기고 현재의 친구관계를 위축시킨다. 상처를 치유하는 과정을 거친 후 친구들에게 조금씩 다가가는 연습을 시키는 것이 좋다. 단짝을 만들어주는 것도 도움이 된다. 친구관계가 어려운 아이들은 친구들이 알아서 다가와주기를 바란다. 이런 유형의 아이는 함께해야 하는 공동 활동에 소극적으로 참여한다.

유형 3. 친구들이 자신을 싫어할 거라고 생각하는 아이

Q 친구들이 널 싫어하는 게 맞니? 아니면 네가 그렇게 생각하는 거니?

Q 그렇게 생각하는 이유는 뭐니? 무슨 이유로 널 싫어하는 거 같아?

Q 그것을 고칠 마음은 있니? 어떻게 하면 고칠 수 있을까?

> **Tip** 친구관계가 어려운 아이들은 다른 아이들이 왜 자신을 싫어하는지 알지 못한다. 친구들이 자신을 싫어하는 이유에는 관심이 없고 친구들이 자신을 싫어한다는 것에만 예민하게 반응한다. 남들이 싫어하는 이유를 알더라도 이를 인정하지 않거나 고치려고 하지 않는 아이도 있다. 자신이 아닌 다른 친구들이 고쳐주기를 원하는 것이다.

● ● ●

• 친구관계 탐색을 위한 교실 서클 질문 •

서클의 목적

- 학급 구성원(또는 친구) 간 갈등 문제 탐색 / 학급 친구 라포 형성

여는 질문

- 나에게 친구란? 다섯 글자로 표현한다면?
- 나는 이럴 때 친구가 필요하다. 친구와 이런 것을 하면 기분이 좋다(나쁘다).

주제 질문

- 내가 좋아하는 친구들의 특성을 두 가지만 말한다면?
- 나와 잘 맞지 않는 친구는 어떤 특성을 가지고 있을까요?
- 내가 싫어하는 친구의 모습 중에 나와 닮은 점이 있나요?

닫는 질문

- 오늘 친구 이야기를 해보았는데 소감이 어때요?

● ● ●

• 친구관계 탐색을 위한 교실 서클 실습 •

서클의 목적 •
여는 질문 • •
주제 질문 • • • • • • • •
닫는 질문 • •

03

갈등해결 서클을 통한 교실 상담

....

갈등해결 서클에 대한 이해

✳

학교에서는 작은 갈등부터 큰 싸움으로 번지는 갈등까지 많은 다툼이 일어난다. 학교에서는 작은 갈등이라도 절차대로 해결하면 문제가 커질 염려가 없기 때문에 절차를 우선한다. 갈등은 빠른 처리가 능사가 아니다. 스스로 갈등을 잘 해결해나갈 수 있도록 문제해결 능력을 키워줘야 한다. 그중 하나가 회복적 생활교육에서 강조하는 갈등해결 서클이다. 이 서클은 해결해야 할 문제와 대상이 분명할 때 시도하는 것이 좋다. 우선 당사자들과의 대화를 시작으로 점차 학급 또는 학부모로 대화를 확대하면서 문제를 해결한다. 물론 완전한 결과를 도출하지 못하더라도 아이들은 갈등해결의 과정이 중요하다는 사실을 깨닫게 된다. 아이들은 이런 과정을 겪으면서 많은 것을 배우는 것이다.

갈등해결 서클의 방향

피해 입은 학생에게 '어떻게 된 일인지 설명해줄 수 있니? 이번 일을 겪으면서 가장 힘들었던 것은 뭐였니? 어떻게 하면 네가 입은 피해가 회복될 것 같니? 앞으로 이런 일이 안 일어나려면 어떤 일이 있어야겠니?' 등의 질문을 한다. 이런 질문들은 피해 아이가 회복할 수 있도록 돕는다.

잘못을 한 학생에게는 잘못된 행동을 직면하도록 유도한다. 이런 아이에게 '무슨 일이 있었던 거니? 어떤 상황이었는지 얘기해줄 수 있어? 왜 그렇게 했는지 말해줄래? 왜 이런 일이 일어났다고 생각하니? 피해자가 어떤 기분일까? 너 때문에 생긴 피해를 바로 잡으려면 무엇을 해야 할까? 앞으로 이런 일이 안 일어나려면 어떻게 해야 좋겠니?' 등의 질문을 한다. 가해 아이는 질문에 답하면서 자신의 잘못에 책임지는 마음이 생길 수 있다.

진행자의 역할 및 의사소통 기술

진행자는 의사소통 능력과 함께 당사자들의 이야기를 들으면서 공통점과 차이점을 찾아내는 분석 능력이 있어야 한다. 이는 갈등을 바라보는 시각을 객관화하는 데 도움을 준다. 진행자는 당사자들의 갈등해결을 돕는 중립적인 사람이다. 따라서 누가 옳고 그른지 결정하거나 지시하지 않는다. 조정 결과를 만들어주는 조력자이자 과정에 책임을 지는 사람이다. 갈등을 일으킨 당사자들이 스스로 방법을 찾을 수 있도록 기다릴 줄도 알아야 한다.

• 회복적 질문

회복적 질문은 가해자가 잘못을 직면하고 책임감을 느끼며, 피해자를 돕고 치유하는 내용으로 구성한다. '무슨 일이 있었는가?'로 시작하는 사건(상황) 이해를 위한 질문과 '이번 일로 누가 어떤 피해를 받았는가?'를 묻는 피해를 확인하는 질문이 있다. 회복을 위한 책임을 묻는 질문은 '피해와 관계 회복을 위해 내가 할 수 있는 것은 무엇인가?'이고, 관계 설정을 위한 질문은 '앞으로 어떤 관계가 되었으면 좋겠는가?'이다. 마지막으로 '이번 경험을 통해 무엇을 배우고 느꼈는가?'라는 질문을 통해 아이 스스로 돌아보고 성장하도록 도와야 한다.

• 경청

경청은 적극적으로 공감하면서 듣는 것이다. 경청은 상대로 하여금 더 진솔하고 깊은 이야기를 털어놓도록 만든다. 적극적 듣기는 말하는 사람으로 하여금 '상대방이 내 이야기를 관심 있게 듣는다'는 믿음을 준다. 공감적 듣기는 평가하거나 충고하지 않고 말하는 사람의 세계를 있는 그대로 이해하려는 태도다.

• 요약하기 (명료화하기)

아이들이 자신의 관점에서 일방적으로 쏟아내는 이야기를 명료화하는 과정이다. 이는 시간의 흐름에 따라 요약하는 것이 효과적이다. 이를 통해 진행자는 갈등의 흐름을 알고, 효과적으로 다음 단계로 진행할 수 있다. 갈등 당사자의 감정과 입장을 이해하고 정리하여 상대방이 보지 못했던 맥락을 이해하도록 만든다.

• 바꾸어 말하기

바꾸어 말하기는 상대에게 들은 이야기를 진행자의 언어로 다시 이야기하는 것이다. 자신의 이야기를 듣고 있다는 마음을 보여주고, 서로의 의미를 더욱 분명히 전달하는 역할을 한다. 깊이 있는 대화를 유도하며 대화 속도를 조절하기도 한다. 진행자는 바꾸어 말하기를 통해 당사자들 간의 이해를 높이고, 의사소통을 명확히 하며, 깊이 있는 대화로 이끈다. 당사자들 간 직접적인 대화는 왜곡이 일어나고 그로 인해 비난과 공격적인 말로 이어질 수 있다. 진행자는 당사자의 말에서 공격적인 말의 가시를 빼고 중립적인 언어로 사실을 요약해서 감정을 읽어준다.

"지금 말한 것이 '_____'라는 깃인가요?"
"네가 ___(내용)__ 해서 ___(감정)___라고 느낀다는 거니?"

바꾸어 말하기(예시)

예시 : "○○이는 입만 열면 거짓말을 해서 녹음을 해야겠어요."

- 가시 찾기 : 입만 열면, 거짓말을 녹음
- 중립적 언어로 변환 : 계속, 사실과 다른 이해, 신뢰할 수 없다
- 바꾸어 말하기 : "네가 듣기에는 / 네가 알고 있는 사실과 다른 말을 반복해서 들으니까 상대를 믿기 어렵다는 말이니?"
- 공감하기 : "네가 듣기에는 / 네가 알고 있는 사실과 다른 말을 반복해서 들으니까 상대를 믿기 어려워 답답하고 억울하다는 말이니?"

- **회복적 질문 : "그렇다면 네가 다르게 알고 있는 사실은 무엇이니?"**

Tip   거짓말이라는 '공격'에 반응하는 대신 다른 '사실'이 무엇인지 집중하면서 질문의 방향을 진행하거나 전환하는 것이 중요하다.

갈등 전문 조정자가 진행한 사례

1. 준비와 기획 단계

'왜 서클을 열고, 누가 서클에 참여할 것인가?'

서클을 여는 이유와 필요를 점검하는 단계다. 갈등해결 서클에 참석할 아이의 의사를 묻고 인원을 결정한다. 학생만 참여할 때도 보호자의 확인이 필요하다. 기본적인 정보를 바탕으로 문제를 파악한다.

● ● ●

· 학교에서 파악한 문제 상황 ·

철수는 00년 5월부터 아이들로부터 폭력 및 괴롭힘을 당했다. 가해자 민수는 한 달 동안 이유 없이 철수의 팔과 등을 때리거나 헤드락을 해서 목에 상처를 주었고 수업시간에는 누명을 씌워 교과 선생님께 철수가 혼나도록 만들었다. 수철이는 1학년 8월부터 학원에서 철수를 건드리기 시작했고, 어떤 여학생을 좋아하는지, 싫어하는지 등 난처한 질문을 하였다. 철수가 대답할 때까지 툭툭 치고 대답을 하면 그 비밀을 공개하면서 놀렸다. 2학년 때는 철수를 더 심하게 괴롭혔다. 은영이는 5월부터 철수를 때리기 시작했으며, 민수와 수철이가 때리면 함께 동참해 철수를 때렸다. 영희는 철수가 혼잣말로 싫은 사람 욕하는 것을 들으면 그것을 해당 아이에게 말해 철수를 맞게 하였다. 이 상황을 목격한 같은 반 여학생들이 학생부에 알렸다.

▶ 참여 의사를 물었을 때 아이들은 사전모임에 참여하겠다고 하였다.

2. 사전 모임 단계

갈등 당사자들을 만나서 각자의 입장과 상황을 듣는다. 진행자는 상담자 입장에서 아이들의 이야기를 충분히 듣고 공감한 후 정리한다. '무슨 일이 있었고 그것이 자신에게 어떤 영향을 주었고, 어떤 감정이었는지, 지금은 어떤 마음인지' 등을 중심으로 질문한다. 아이들에게 피해 학생과 가해 학생이 함께하는 본 모임이 '자신의 이야기를 하고 상대방의 이야기를 듣는 시간'임을 설명하면서 참여 여부를 묻는다. 사전 모임에서 진행자는 '양쪽이 각자 무엇을 원하고 있는지'를 파악한다.

● ● ●

• 피해자 사전 모임 사례와 절차 •

1. 진행자 소개 및 참석자 확인

안녕. 철수야! 나는 이번 모임을 진행할 선생님이야. 여기에 와줘서 고마워.

2. 대화 모임의 의미, 진행자 역할, 진행방식 설명

Q 오늘은 그동안 너에게 어떤 일이 있었는지를 듣기 위해서 왔단다. 오늘 이야기는 비밀로 지켜질 거니까 너무 걱정 말았으면 해. 선생님 질문에 솔직하게 대답해주기를 바라.

A 네.

Q 고마워! 철수는 학교에서 가장 즐거운 시간이 언제니?

A 점심시간이요.

Q 선생님도 점심시간 좋아해.

3. 이야기 나누기

① 상황 이해, 공감

Q 그럼 이번 일에 대해 이야기를 해보자. 너에게 무슨 일이 있었니? 그때 기분은 어땠어?

A 5월부터 반 아이들이 때리기 시작했어요. 수철이는 작년 여름방학부터 학원에서 괴롭히다가 2학기쯤 안 하더라고요. 2학년 같은 반이 되면서 저를 다시 괴롭혔고 때리거나 놀렸어요. 쉬는 시간에 욕하고 등과 팔을 때리고, 수업시간에도 선생님이 없는 틈을 타 때렸어요. 원 펀치를 하자고 해서 안 한다고 하면 때릴까봐 결국 했는데 제가 먼저 때리면….

〈중략〉

Q 그렇구나. 누가 가장 많이 괴롭혔니?

A 수철이가 가장 심하고 그 다음은 민수, 은영, 영희요. 가장 얄미운 아이는 민수예요.

Q 그동안 힘들었겠네. 민수는 어떤 점이 가장 얄밉니?

A 힘도 없으면서 다른 친구들을 믿고 그러는 거 같아서요.

Q 선생님도 그러면 얄밉겠다. 그때는 어땠어?

A 내가 왜 맞아야 하는지 모르겠어요. 맞으면 아프고 짜증나요.

② 피해회복, 자발적 책임에 대한 요청

Q 이번 일이 잘 해결되려면 어떻게 돼야 한다고 생각하니?

A 괴롭힘을 당하지 않았으면 해요. 그 아이들을 처벌하지 않았으면 좋겠어요.

Q 이번 일로 뭐가 가장 힘드니?

A 애들이 저를 괴롭히는 거요.

③ 피해 회복, 자발적 책임

Q **앞으로 이런 일이 다시 일어나지 않으려면 어떤 것이 필요할까?**

A 처벌은 없었으면 하고 괴롭힘이 없었으면 해요.

Q **이번 일이 어떻게 해결되기를 원하니?**

A 아이들이 더 이상 저를 괴롭히지만 않으면 좋을 것 같아요.

Q **널 괴롭힌 아이들에게 부탁하고 싶은 말이 있니?**

A 절 괴롭히지 말라고요.

Q **만약 아이들이 너를 괴롭힌다면 넌 어떻게 할 거니?**

A 다시 절 괴롭히면 부모님이 경찰에 신고한대요.

Q **넌 어떻게 할 거니?**

A 전 부모님과 선생님께 말할 거예요.

④ 재발 방지에 대한 약속, 공동체의 도움

Q **그 아이들과 함께 이야기 나눌 때 염려가 되거나 부탁하고 싶은 것이 있니?**

A 글쎄요.

⑤ 참여 여부 확인

Q **널 괴롭힌 아이들과 모임을 해보려는데 참여해서 네 이야기를 할 수 있겠니?**

A 네.

⑥ 감사와 소감 나눔, 마무리

Q **혹시 더 하고 싶은 말이 있니?**

A 아뇨, 없어요.

Q **선생님과 이야기를 해보니까 기분이 어때?**

A 속 시원히 털어놓으니까 좋아요.

Q 그 아이들과 함께 만날 시간과 장소가 정해지면 알려줄게.

A 네.

Tip
진행자는 직접적인 사건의 질문보다는 평상적인 질문으로 시작하는 것이 좋다. 그리고 당사자의 입장을 공감하면서 경청하는 것이 좋다. 또한 진행자의 역할이 본 모임에서 전환된다는 것을 설명할 필요가 있다. 충분한 신뢰를 형성한다면 대화 모임에 참여시키는 것이 가능하다.

● ● ●

• 가해자 사전 모임 사례와 절차 •

1. 조정자 소개 및 참석자 확인

2. 본 모임의 의미, 조정자 역할, 진행방식 설명

Q 오늘은 너희에게 무슨 일이 있었는지 이야기하고 듣는 시간이야. 너희들을 혼내려는 것이 아니라 너희의 마음을 알고 싶어. 있는 그대로 말해줄 수 있니?

A 네.

3. 이야기 나누기

① 상황 이해, 공감

Q 무슨 일이 있었는지 얘기해보자. 누가 먼저 말할까? 그래, 민수부터….

민수 5월에 어떤 아이가 철수한테 빗을 빼앗길래 그 빗을 찾아 철수한테 줬는데, 그 빗을 또 뺏기는 거예요. 6월 초 음악시간에 다른 친구가 철수를 때리는 것을 봤어요. 그걸 보니 철수가 약하다는 생각이 들었어요. 그런 생각을 하고 있는데 영희가 수업시간에 '철수가 저를 욕했다'는 거예요. 그때부터 때렸어요. 하루에 5~6번, 팔을 한두 번 정도 꺾고 때렸어요.

수철 작년에 학원에서 친구가 철수를 때리길래 저도 따라 때렸어요. 겨울방학 때부터는 안 때렸던 거 같아요.

Q **학교에서는 어땠니?**

수철 학교에서 철수랑 같은 반이 아니어서 때리지 않았어요.

Q **학교에서 안 때린 건 잘했네. 올해는?**

수철 처음에는 안 그랬는데, 철수가 절 놀린다는 말을 듣고도 한 번은 봐주고 두 번째부터 때렸어요.

Q **얼마나 자주 어디를 때렸니?**

수철 하루에 한 대 이상, 팔과 등요.

영희 복도에서 다른 반 애들이 철수를 괴롭히는 것을 보고 옆에 있었어요. 교실에서는 철수가 아이들 욕하는 걸 듣고 수철이에게 말했어요.

Q **혼잣말이 들려?**

영희 네. 철수는 혼잣말을 많이 하고 크게 말해서 다 들려요(철수는 심리적으로 도움이 필요한 아이였다).

Q **이번에는 은영이가 말해볼까?**

은영 6월에 다른 반 애가 철수를 괴롭히는 것을 보고 때리고, 반에서도 철수를 놀렸어요.

공통사항

수업시간에 철수는 과제 및 수업 준비를 안 해오는 경우가 많다. 쉬는 시간에 철수가 보이면 때리고, 도망가면 반의 다른 아이가 철수를 잡아오고 다시 괴롭혔다. 수철이는 철수에게 누구를 좋아하는지 물어보았고 그 소문을 다른 친구가 퍼트렸다.

Q 무엇 때문에 철수에게 그랬는지 말해주겠니?

민수 철수가 이유 없이 내 욕을 한다고 해서 화가 났어요.

수철 강해보이고 싶어서요. 철수가 약해서 괴롭혀도 아무 말 못할 것 같아서요.

영희 반 남자애들이 철수를 괴롭히는 분위기에 휩쓸려서 그런 거 같아요.

은영 다른 애들이 때리니까 저도 모르게 같이 때렸어요.

Q 오늘 모임은 왜 하는 것 같니?

영희 철수를 괴롭혀서요.

은영 몇 명이 괴롭히다가 일이 커진 것 같아요.

수철 한 명으로 시작해서 많은 아이들이 가담해서요.

민수 그만두려고 했는데 애들이 많아지니까 점점 더 심해진 거 같아요.

② 피해 조정, 영향 파악

Q 이번 일로 누가 가장 피해를 받았을까? 어떤 피해를 입었을 것 같니?

A 철수와 철수 부모님요. 철수는 맞아서 아플 것이고 마음에 상처를 받았다고 생각해요. 더 밝게 학교생활을 못할 것 같아요. 철수 부모님은 철수가 맞은 것에 충격을 받고 상처받았을 것 같아요.

Q 너희가 괴롭히거나 때릴 때 철수는 어땠을까? 철수는 어떤 영향을 받았을 것 같니?

A 학교에 다니기가 싫을 것 같고 만만하게 보여서 잘 어울리지 못할 것 같아요. 혼자 힘들었을 것 같아요.

③ 피해 회복, 자발적 책임

Q 이 문제를 해결하기 위해 너희가 할 수 있는 일은 무엇이라고 생각하니?

A 진심으로 사과하고, 반성하는 일이죠. 다시는 이런 일을 안 할게요. 친구와 잘 어울리게 도와주고 싶어요. 철수가 괴롭힘을 당하면 막아줄 필요도 있어요.

④ 재발 방지에 대한 약속, 공동체의 도움

Q 앞으로 이런 일이 다시 일어나지 않으려면 어떻게 해야 할까?

A 진심으로 사과하고, 반성하며, 다시는 이런 일이 없도록 하고 잘 어울릴 수 있도록 도와주고 싶어요.

Q 혹시 선생님이나 부모님, 친구들이 어떻게 도와주면 좋겠니?

〈중략〉

⑤ 점검

Q 철수와 함께 이야기를 할 텐데 혹시 걱정이 되거나 부탁하고 싶은 게 있니?

A 다른 선생님들은 참석하지 않았으면 해요. 할 말을 잘 못할 것 같아요.

⑥ 참여 여부 확인

Q 본 모임에 참여해서 오늘처럼 너희 이야기를 할 수 있겠어?

A 네, 참석할게요.

⑥ 감사와 소감 나눔, 마무리

Q 혹시 더 할 말이 있니?

A 아뇨, 없어요.

Q 오늘 이야기를 나눈 느낌이 어땠는지 한 명씩 말해볼래?

민수 철수에게 한 짓이 잘못임을 알았고, 반성의 계기가 되었어요.

수철 철수를 심하게 괴롭혔다는 걸 알았어요. 이야기할 수 있어서 좋았어요. 앞으로는 이런 일이 없도록 할게요.

영희 철수가 힘들었다는 것을 다시 한 번 느꼈어요.

은영 철수가 괴롭다는 것을 느꼈고 이젠 안 괴롭히고 친구들이 못 괴롭히도록 할게요.

3. 본 모임

갈등 당사자들이 한자리에 모이는 본 모임은 '누가 어떤 영향과 피해를 입었는지, 발생한 피해를 회복하기 위해 무엇을 할 수 있는지' 등에 대해 구체적으로 대화한다.

본 모임은 '환영 및 소개 → 열기 → 이야기 나누기 → 대안 논의 및 합의 → 마무리' 순으로 진행한다. 환영 및 소개, 열기 시간에는 모임 참가에 대한 환영과 감사를 시작으로, 서클의 의미 설명과 시간에 대한 안내 및 간단한 자기소개를 한다. 서클 진행자는 중립적인 위치에 있지만 특정한 사안에 개입해 추가적으로 질문할 수 있음을 안내한다.

서로 직접 말하기보다는 질문에 따라 대화하는 등 기본 규칙을 설명한다. 준비한 질문에 따라 서로 이야기를 나누는 시간이 끝나면 잘못을 인정하고 사과하는 시간을 갖는다. 대안 논의 및 합의 시간에는 서로의 요구와 약속 사항을 생각하고 정리할 시간을 주고, 구체적인 의견이 나오도록 진행자가 도와주기도 한다. 협의 후 한자리에 모여서 합의안을 만들고, 필요하면 문서로 남긴다. 마지막으로 서클 참여 소감이나 배움에 대해 이야기를 나누면서 모임을 마무리한다.

1. 조정자 소개 및 참석자 확인

2. 본 모임의 의미, 조정자 역할, 진행방식 설명

오늘 모임에서 너희는 자신의 입장에서 말할 수 있는 시간과 친구의 입장에 대해 들을 거야. 선생님은 여러분이 좀 더 많은 이야기가 필요하다고 생각하는 것에 대해서는 도와주겠지만 어느 편도 들지 않을 것임을 약속해요. 모임을 위해서 지켜야할 기본 규칙은 다른 사람이 이야기할 때 끼어들지 않고 발언 시간을 기다렸다가 이야기하는 것, 그리고 친구를 비난하지 말고 선생님의 진행을 따르는 거예요. 선생님과 상의 없이 자기 마음대로 자리를 떠나면 안 되고, 의견이 있을 경우 선생님에게 알려주세요. 이번 모임에서 나눈 이야기들은 비밀을 유지해야 해요. 알겠죠. 이제 핸드폰의 전원을 끄고 시작해볼까?

3. 이야기 나누기

• 피해 측

Q 무슨 일이 있었는지 말해 줄 수 있니?

A (대답을 하지 못하고 아이들의 눈치를 보고 목소리가 아주 작음) 수학시간에 아이들이 쓰레기를 던져서 맞았고 욕도 같이 했어요.

Q 그때 기분은 어땠니?

A 짜증나고 속상했어요.

Q 또 다른 상황은 없었니?

A (머뭇거림. 이때 진행자가 사전 모임에서 피해 아이로부터 들은 이야기를 요약하여 맞는지 여부를 물었으며 피해 아이는 맞다고 대답함)

Tip

피해자가 가해자 눈치를 볼 경우 기다려주거나 별도의 장소에서 아이와 대화를 나누는 것도 도움이 된다. 계속 답을 안 하면 사전 모임에서 들려준 답변을 다시 물어 확인하는 방법도 좋다.

• 가해 측

Q 어떤 일이 있었니?

A 사전 모임과 같은 답변을 함(혼잣말 부분은 가해자 사전 모임에서 나온 것으로 갈등의 중요한 부분이므로 다시 확인하는 과정을 거침).

Q 철수야, 네가 얘들을 욕하는 말을 했다고 하는데 그 말이 사실이니?

A 네, 그런데 얘들 말고요. 반 애들이 계속 물어봐서 억지로 대답한 경우가 많고. 혼잣말로 욕한 적도 있어요.

Q 혼잣말을 자주 하니?

A 갑자기 나올 때가 있어요.

Q 철수가 갑자기 혼잣말을 할 때 너희는 어때?

A 기분 나빠요. 친구로부터 철수가 내 욕을 했다고 들으면 때리게 돼요.

4. 대안 논의

Q 이번 문제가 어떻게 해결되기를 원하니?(피해회복, 자발적 책임)

피해 측 아이들이 저를 안 괴롭히면 좋겠고, 아무도 벌을 안 받았으면 좋겠어요.

가해 측 철수가 괴롭힘을 안 당하고 다른 아이들도 철수를 괴롭히지 않았으면 좋겠어요.

Q 앞으로 이런 일이 다시 일어나지 않기 위해 선생님이나 부모님, 친구들이 어떻게 도와주면 좋겠니?(재발 방지에 대한 약속, 공동체의 도움)

〈중략〉

Q 이번 일을 잘 해결하기 위해 여러분 스스로 할 수 있는 일은 무엇일까?(자발적 책임)

피해 측 아이들 욕을 안 해야 해요. 혼잣말도 안 하구요.

가해 측 철수를 괴롭히지 않고, 피해 아이를 괴롭히는 아이들을 막아줄 거예요.

5. 합의

① 존중의 약속 만들기(본인이 할 수 있는 약속&상대에게 부탁하고 싶은 요청)

• 나의 약속

피해 측 애들한테 함부로 말하지 않겠다.

가해 측 쉬는 시간과 수업시간에 철수를 놀리거나 때리지 않겠다. 철수를 누군가 괴롭힌다면 우리가 지켜주겠다. 철수에게 보복하지 않겠다.

• 나의 부탁

피해 측 너희들이 나를 안 괴롭히고 때리지 않았으면 좋겠다.

가해 측 철수가 우리에게 욕을 하거나 놀리지 않았으면 좋겠다.

② 점검 및 확인(진정어린 사과의 기회, 존중의 약속 내용 확인 및 이행 다짐, 더 하고 싶은 이야기)

Q 너희들이 약속한 것들에 대해서 다 동의하는 거니?

A 네.

Q 약속을 잘 지킬 수 있겠어?

A 네, 노력해볼게요.

Q 만약 약속이 잘 안 지켜지면 어떻게 할까?

A 학교 청소를 할게요.

Q 더 하고 싶은 말이 있니?

A 없어요.

Q 너희들이 철수에게 사과를 했으면 좋겠는데 어떻게 할까?

A 네, 사과할게요. 철수야, 미안해.

6. 감사와 마무리

Q 오늘 대화 모임을 가지면서 배우거나 느낀 점을 이야기해볼까?

가해 아이들 철수에게 미안하고, 우리가 괴롭혀서 철수가 많이 힘들었다는 것을 알았어요. 다시는 안 그럴게요. 철수가 혼잣말로 욕하는 것이 자기도 모르게 불쑥 나올 수 있다는 것을 알았어요.

철수 누가 강요하든 혼잣말이든 애들에 대하여 욕(놀림)을 하지 않을게요.

진행자 긴 시간 같이 해주어서 고마워. 괴롭히거나 욕하는 일이 없을 것이고 서로 존중하기로 약속을 했어요. 약속이 잘 지켜지는지 확인하기 위해서 한달 후 같이 점검하는 시간을 갖도록 할게요. 서로 행복한 학교생활을 해나갈 수 있기를 바랍니다.

Tip
서클 시작 전, 진행자가 자리 배치를 정하는 것이 좋다. 사전 모임에서 당사자들의 성향을 파악하였으므로 자리를 배치해 당사자들이 편하게 이야기할 수 있도록 하기 위함이다. 이야기 진행 시 당사자들끼리 대화하기보다는 피해자와 진행자, 가해자와 진행자가 대화하는 것이 좋다. 당사자들끼리 대화하면 감정이 격해지기도 한다. 이런 경우 의사소통 기술을 적절히 사용하는 것이 좋다.

4. 후속 모임

마지막 후속 모임은 본 모임 이후 어느 정도의 시간이 지난 후 갖는다. 합의 이행 여부 및 관계 변화를 점검하는 것이 목적이다. 당사자를 개별로 만나는 것과 모두 함께 만나는 방식이 있다. 본 모임 이후 어떤 변화가 있었는지, 더 보완해야 할 것이 있는지를 질문한다. 약속이 이행되고 있지 않다면 왜 지켜지지 않았는지, 어려운 점이 무엇인지를 대화로 파악한다.

학급 담임, 상담교사가 진행한 사례

똑같은 질문으로 A, B 그룹과 각각 이야기를 나눈다.

Q   너희들에게 무슨 일이 있었니?

A그룹

지영   혜진이가 화장실에서 B그룹이 자기 뒷담을 하고 안 좋은 이야기를 했다는
말을 들었다는 거예요. 라희한테 가서 정말로 했냐고 물었더니 안 했다는
거예요. 두 번이나 물었는데 안 했다고 해서 그만 했어요. 지나다닐 때 눈
이 자꾸 마주치고 쳐다보니까 '주의 좀 하자' 이렇게 말했어요. 그렇게 끝
난 줄 알았는데, 지수라는 아이 페북에 '주의 좀 하자 새끼들!' 이런 글을 썼
다는 거예요. 결국 화가 나서 그 아이들을 꼽 주고 욕하고 그랬어요. 지나
갈 때 째려보고요.

주원   혜진이가 화장실에서 B그룹 아이들이 뒷담하는 걸 들었다는 거예요. 그래
서 바로 라희에게 갔어요. 제가 좀 다혈질이거든요. 따지러 간 게 아니라
정말로 그랬는지 그냥 물어보러 간 거였죠. 라희한테 물었더니 아니라더군
요. 아니라고 말하기에 그냥 멈췄어요.

혜진   저는 화장실에서 B그룹 아이들과 마주쳤는데, 걔네들이 제 뒷담을 하지 뭐
예요. 우리 아이들에게 제가 들은 대로 말을 했더니, 아이들이 곧바로 라희
한테 가는 거예요. 저도 그럴 줄 몰랐어요. 그런데 B그룹 아이들이 페북에
'지 혼자 오려니 쫄려서 그랬겠지'라는 글을 썼다는 거예요. 저는 그럴 생
각이 없었거든요.

예민   저는 뒷담을 했다는 말을 듣고 그냥 주원일 따라갔어요. 아무 생각 없이 따
라간 거 같아요.

B그룹

라희 내가 뒷담하는 걸 혜진이한테 들었다면서 A그룹 아이들이 와서 따지는 거예요. 저는 그러지 않았다고 말했지만 그 아이들은 뒷담한다고 들었다며 계속 따졌어요. 저는 끝까지 안 했다고 말했죠. 또 A그룹 아이들은 '째려보지 않기로 했는데, 왜 너랑 같이 다니는 애들은 째려보냐?'라고 말하길래 우리는 그러지 않았다고 말했어요.

지수 저는 걔네들 째려보지 않았어요. 째려보는 건 그 아이들이 더 많이 했죠. 급식 시간에 A그룹 아이들이 저를 보며 별명을 크게 부르고 욕도 했지만, 저는 그냥 무시했어요.

영미 저는 특별히 나쁜 감정은 없었는데요, 걔네들이 라희를 찾아와 '네 친구들이 우리들 욕을 했다며?'라는 말을 듣고 기분이 나빴어요.

수진 저는 A그룹 아이들이 평소에도 욕하고, 째려보는 느낌이 들어요. 어떤 아이는 화장실에서 저에게 패드립을 하는 것 같아 기분이 나빴어요. 저한테 '애미 없다!'고도 말했는데, 제가 교육을 잘못 받고 자랐다는 말로 들려서 기분이 몹시 상했어요.

위와 같은 아이들의 상황이 학교생활에 미치는 영향이 무엇이고 어떻게 하면 서로의 갈등을 해결할 수 있을지를 해당 아이들에게 물었다. 결국 A, B 두 그룹의 8명이 모두 모여 서클을 열어 대화해보기로 결정했다.

Q 상대방에게 기분 나빴던 점은 무엇이니?

A그룹 점심시간이나 쉬는 시간에 저희를 쳐다보면서 말하거나 째려보는 거요. 그리고 유리창을 두드리면서 저희를 쳐다본 것도요.

B그룹의 대답 A그룹 아이들을 꼽 주거나 욕한 건 맞아요. 미안하고 잘못했어요. 째려보기도 했어요. 그런데 유리창을 두드린 건 우리끼리 장난을 치다가 벌어진 일이에요. 오해라고 생각해요.

B그룹 저희가 확인도 없이 라희에게 뒷담했다고 따진 건 잘못이지만, 잘 알지도 못하는 애들이 페북에 저격글을 남긴 건 기분이 나빴어요.

A그룹의 대답 지수는 미안하다고 말함. 수진이는 기분이 나빴으면 미안한데 자신은 경상도 식의 말이 익숙해서 '이것들, 저것들'이라는 표현이 상대에게 공격적으로 느끼게 했는지는 몰랐다고 해명함. 아이들은 공통적으로 '새끼, 이것들'이란 표현 때문에 기분이 나빴다고 함.

Q 사과하고 싶거나 사과를 받고 싶은 내용이 있니?

B그룹 아이들은 자신들이 욕하고 꼽 주거나 째려본 일들이 미안하고 저격글 남긴 것에 대해서도 사과함. 지영이는 '수진이의 저격글이 자기를 지칭하는 것 같아 기분이 나빴다'고 말했고, 이에 수진이가 지영이에게 사과함. 라희가 예민이에게 패드립 건에 대해서 물었더니, 예민이는 라희가 아닌 다른 아이 패드립을 했다고 말해 서로의 오해가 풀림.

Q 앞으로 어떻게 지내고 싶니?

욕이나 째려보지 말고 그냥 남남처럼 지냈으면 좋겠다고 함. 눈이 마주쳤을 때 째려보지 말고 그냥 모르는 척하는 방법을 택하겠다고 함. 각 그룹이 서로 시비 걸지 않고 편안히 지내기로 합의함.

Tip

때때로 아이들은 서로 불편하기 때문에 마지못해 화해와 사과를 하여 관계가 좋아지기도 한다. 어떤 아이들은 다툰 아이들과 두 번 다시 사이좋게 지내고 싶지 않다고도 말한다. 무엇이 됐든 아이들의 의견을 존중해줄 필요가 있다. 억지로 화해를 시키거나 친하게 지내라고 말하지 않는 것이 더 좋다. 전적으로 관계는 아이들이 스스로 결정할 필요가 있다. 화해를 했더라도 다시 친하게 지내지 않을 수 있는데 이때는 서로 이야기를 나눌 기회를 만들어주어야 한다. 서로의 입장을 생각하고 오해가 풀리게 된다면 이후부터 다른 그룹과 싸우는 일이 줄어든다.

Q 서클을 끝낸 소감은 어떠니?

A 마음에 있는 이야기를 할 수 있어서 속이 시원해졌어요.

A 제 잘못을 털어놓을 수 있었고, 제가 오해한 부분이 많다는 것도 알게 됐어요.

A 아이들 생각이 서로 많이 다르다는 것을 알았어요.

진행 소감

서클을 진행하는 도중에 아이들은 선생님에게 불만이 많다고 말했다. 그래서 '선생님은 누구 편을 드는 거 같니?'라고 물었더니, 두 그룹 모두 상대방 편을 든다고 하였다. 또한 아이들은 한목소리로 '선생님이 우리보고 참으라고 말하고 무시하라는 말을 반복해서 서운하고 싫었어요. 사과하는 일이 쉽지 않다고 말하실 땐 상대방 아이들 편을 드는 것 같아 미웠어요'라고 하소연했다. 바로 이런 점들 때문에 학생끼리의 갈등해결은 쉽지 않다. 아이들의 이런 불평과 불만을 알고 관계를 풀어간다면 서클 진행에 조금 더 도움이 될 것이다.

04

학생과 갈등하는 교사를 위한 교실 상담

교사 요인으로 일어나는 학생과의 갈등

✳

학생이 교사를 공격하거나 언어 폭력을 하는 문제 상황은 예외로 하고, 학생과 교사가 갈등할 때 학생을 가해자로, 교사를 피해자로 범주화하면 교사의 문제로 인한 갈등은 반복된다. 학생의 문제는 학생의 문제로 절차에 맞게 해결하고 교사 자신의 문제는 없는지 성찰할 필요가 있다. 다른 아이와의 갈등을 예방하기 위하여 말이다.

교사는 수업 집중에 대한 강박, 감정적인 대처, 좋고 싫은 아이에 대한 구별, 좁은 바운더리와 이해심 등 자신을 성찰해야 한다. 필요하면 치유와 함께 원인 해결을 위한 상담을 받는 것도 좋다. 교사의 마음을 돌보지 않고 성찰하지 않은 채 가해를 한 아이에게만 벌과 징계를 내리면 학생과 교사 모두 불행해진다.

• 교사의 내사와 학생 문제행동

'내사(Introjection)'란 부모나 교사 등 권위 있는 사람의 행동이나 말을 비판 없이 그대로 수용하는 것을 말한다. 엄밀히 말해 타인의 가치관과 사고방식이다. 내사가 강해지면 자신이 원하는 것이 무엇인지 모르고 타인의 기대에 맞추면서 살아간다.

선생님이 가진 내사 생각해보기

• 교사는 ＿＿＿＿해야 한다.
• 학생은 ＿＿＿＿해야 한다.
• 학부모는 ＿＿＿＿해야 한다.
• 나는 ＿＿＿＿해야 한다.

선생님들이 많이 갖고 있는 내사

• 교사는 ~ : 친절해야 한다. 아이들을 차별하면 안 된다. 수업을 재미있게 진행해야 한다. 모범을 보여야 한다. 학급 운영을 잘해야 한다. 아이들을 챙기고 돌봐야 한다.

- 학생은 ~ : 수업에 집중해야 한다. 교과 활동에 열심히 참여해야 한다. 바르고 고운 말을 써야 한다. 태도가 바라야 한다. 친구들과 잘 지내야 한다.

- 학부모는 ~ : 교사를 신뢰해야 한다. 자녀를 잘 챙기고 준비물도 신경 써야 한다. 학교 행사에 협조해야 한다. 자녀를 잘 키워야 한다. 자녀에게 신경을 많이 써야 한다.

- 나는 ~ : 좋은 선생님이어야 한다. 최선을 다해야 한다. 다른 사람에게 나쁜 평가를 받으면 안 된다.

교사의 내사는 교실에서 아이들을 만날 때나 학부모와 상담할 때 많은 영향을 미친다. 내사가 강할수록 학생의 행동을 이해하기보다 규칙과 당위(~해야 한다)를 우선시하고, 결국 학생과 마찰을 빚는다. 자신의 내사에 부응하는 아이들은 인정하고 칭찬하는 반면, 반대 행동을 하는 아이들에게는 야단을 많이 친다. 강한 내사로 고민하는 한 선생님의 이야기를 들어보자. 이 선생님은 학생들과 관계가 멀어지고 거리감이 생겨서 속상하고, 반항하는 아이가 늘어서 힘들어한다.

"좀 더 유연한 태도로 아이들을 대하려고 해도 참 어렵네요. 어제 어떤 아이가 수업시간에 늦게 들어온 거예요. 우리 반은 시종 시간을 반드시 지켜야 하거든요. 그렇지 않으면 남아서 깜지를 쓰거나 청소를 시켜요. 그런데 한 아이가 급히 교실로 뛰어오다가 손을 다쳤나봐요. 아파서 울고 있는 그 아이를 위로해야 하고 많이 아프겠다는 생각이 들었는데, 순간 실내화가 아닌 운동화를 신은 그 아이의 발부터 눈에 들어오는 거예요. 결국 저는 아이에게 운동화를 신었다고 야단을 쳤죠. 이러는 제가 이해할 수 없고, 참 힘들어요."

아이들을 가르칠 때 내사는 필요하다. 그렇다고 해도 내사 때문에 교사가 힘들고 학생, 학부모와의 관계가 멀어진다면 자신의 내사를 유연하게 할 필요가 있다. 교사들은 긍정적인 내사를 보여줌으로써 학생들의 성장과 삶에도 긍정적인 영향을 미쳐야 한다. 또한 자신의 행복을 위해서라도 너그럽고 유연한 내사 기준을 세우는 것이 좋다. 내사는 교사가 자신의 삶에서 녹여낸 너그러움과 지혜가 바탕이 되어야 한다. 학생들에게 좋은 영향, 내사를 제공하려면 교사 스스로 자신이 원하는 게 무엇인지 내면의 소리를 듣는 것이 중요하다. 아래와 같은 질문이 도움이 된다.

"내가 원하는 삶이 아닌 타인의 기대나 요구대로 사는 건 아닌가요? 혹시 교사라는 의무감으로 아이들을 만나고 있는 건 아닐까요?"

선생님 자신의 행복을 위해 해야 할 첫 번째는 선생님이 진정으로 원하는 것이 무엇인지 알고서 행동으로 움직이는 것이다. 자신이 무엇을 하고 싶은지, 무엇을 먹고 싶은지, 누구를 만나고 싶은지, 누구를 만나고 싶지 않은지 자문해보기 바란다. 스스로에게 너그러워지고 편안해지면 교사가 가져야 할 내사도 조금은 여유로워진다.

• 교사의 투사와 학생 문제행동

'투사(Projection)'란 자신의 생각이나 욕구를 타인의 것이라고 생각하는 것이다. 비유컨대 자신이 노란 안경을 쓰고 있으면서 타인이 노란 옷을 입었다고 말하는 것이다. 이것은 모든 사람들에게 무의식적으로 일어나는 자연스러운 현상이기도 한데, 사람들은 자기 안경이 노란색이라는 사실에는 관심이 없거나 잘 알지 못한다. 늘 학생들과 관계를 맺는 교사들이라면 이 문제에 각별한 관심을 가져야 한다.

- 상담교사 : 선생님의 부드러운 특성을 살려서 아이들과 많은 시간을 보내다 보면 아이들과 관계를 잘 맺고 아이들의 문제행동도 줄어들 거예요.
- 교사 : 그래도 될까요? 그렇게 하면 아이들이 절 만만하게 볼까봐 걱정이 돼요.
- 상담교사 : 물론 일부 어떤 아이들은 선생님을 만만하게 생각할 수도 있겠죠. 모든 아이들이 만만하게 볼 거 같지는 않아요. 무슨 일이 있었나요?
- 교사 : 반복해서 문제를 일으키는 아이가 있어요. 물론 저는 아이를 붙잡아놓고 이런저런 대화와 지도를 하죠. 그런데도 아이가 약속을

지키지 않으니까 저를 무시하는 것 같고 만만하게 여기는 것 같아요. 내가 잘못 지도했구나! 내 능력이 부족하기 때문이다. 나는 좋은 교사가 될 수 없다! 라는 생각이 들어요. 점점 더 자신감이 사라지고 야단도 못 치겠어요. 먹히지 않으니까요.

위에서 소개한 선생님은 교사로서 자신감이 없기 때문에 아이들이 자신을 만만하게 본다는 투사를 하고 있다. 실제로 아이들이 만만하게 볼 수도 있지만 무서워하거나 싫어하는 것일 수도 있다. 자신의 피해의식과 자신감 없음으로 인해 일어나는 투사는 학생과 마찰을 빚는다. 자신의 안경으로 아이들을 야단치고 다그치기 때문에 아이들은 교사를 이해할 수 없다.

선생님들이 학교에서 하는 투사의 예

저 아이가 ~
나에게 반항하는 건 나를 무시하기 때문이다.
'나한테만 왜 그래요?'라고 따지는 것도 나를 만만하게 보기 때문이다.

학부모가 ~
나에게 말도 없이 교장선생님을 찾아가 불만을 말하는 건 나를 안 믿기 때문이다.
주말에도 나에게 메신저를 보내는 것은 나를 만만하게 보기 때문이다.

동료 교사가 ~

내 뒷담화를 하는 것은 내가 마음에 안 들기 때문이다.

내가 능력이 없기 때문에 업무를 안 맡기고 대화하지도 않는다.

선생님이 학교에서 하는 투사는 무엇일까요?

저 아이가 ~
학부모가 ~
선생님이 ~

자신이 부러워하고 본받을 점이 많다고 생각하는 사람의 특징을 적어보자.

내가 부러워하는 사람들의 장점

타인의 장점을 찾아본 뒤 그것을 자신의 모습과 비교해보자. 타인으로부터 발견한 장점은 선생님 본인의 모습을 투사한 것이다. 자신에게 그런 장점이 있기 때문에 타인에게도 그런 장점을 찾는 것이다. 나에게 그런 면이 없으면 타인에게서 그런 면을 찾을 수 없다. 한편 건강하지 못한 투사를 하면 무엇보다 힘든 사람은 교사 자신이다. 투사를 줄이려면 학교에서 일어난 생각이나 느낌에 '내 생각, 느낌에 대한 책임은 내가 집니다'라는 말을 반복적으로 덧붙여보자. 이 말을 반복하면 마음이 편안해짐을 느낄 것이다.

'저 아이가 변하지 않는 것은 내가 능력이 없기 때문이다.'
→ 이것은 내 생각이고, 이 생각에 대한 책임은 내가 집니다.

'학부모가 내 말을 듣지 않는 것은 나를 무시하기 때문이다.'
→ 이것은 내 생각이고, 이 생각에 대한 책임은 내가 집니다.

'저 선생님은 나와 이야기하는 것을 싫어한다.'
→ 이것은 내 느낌이고, 이 느낌에 대한 책임도 내가 집니다.

• 교사의 편향과 학급 분위기

'편향'이란 마주하고 싶지 않은 환경을 피하거나 그 순간 자신의 감각이나 감정을 둔화시킴으로써 마음을 닫는 것을 뜻한다. 상대방의 눈길을 피하는 것, 듣기 싫은 말을 듣게 되면 딴 생각을 하는 것 등이 편향의 모습이다. 이를 통해 불편한 사람과의 만남이나 부정적인 감정을 피하게 된다. 편향은 자신의 생생한 에너지와 감정을 차단시킨다.

나는 혹시 편향을 할까요?

• 평소에 내가 외면하고 있는 감정은 무엇일까요?

• 우리 반에서 나를 가장 화나게 하는(했던) 아이는?

• 최근 꼴 보기 싫고 피하고 싶은 사람은 누구죠?

'사는 것이 재미없다'라는 소리는 편향이 심한 사람들이 자주 하는 말이다. 타인이나 환경을 피하려고 자신의 마음을 돌보지 않으면 결과적으로는 자신의 삶에 활력이 떨어진다. 이럴 경우 교사는 아이들의 말이 말로 들리지 않고, 교실에서 학생들을 만날 때 또는 학부모를 만날 때에도 소통하지 않고 피하는 모습을 보인다.

생각
나누기

선생님들이 많이 갖고 있는 편향

• 늘 똑같은 하루하루…. 종 치면 수업하고, 집에 가기를 기다리고, 집에 와서도 별일 없이 시간을 보내요. 삶에 활력이 없는 것 같습니다.

• 학생들에게 늘 잔소리와 훈계를 해요. 그런 말을 듣는 아이들은 어떨지… 그렇게 하지 않으려고 해도 잘 안 되네요.

• 교장 선생님이 보기 싫어서 교직원 회의시간이면 늘 낙서를 해요. 핸드폰을 보면 티가 많이 나니까요. 회의가 많아지면 기분이 나빠지더라고요. 솔직히 재미가 없으니까 회의를 그만두세요라는 말은 차마 못 하겠고요.

교사의 편향은 관리자나 동료 교사와의 관계에서도 나타난다. 부정적인 마음을 직접 표현하면 조직 내에서 갈등이 생길 수 있고 불편한 관계로 이어질 수 있기 때문에 상황 그 자체를 편향시키는 것이다.

문제는 이러한 편향이 습관화되면 타인은 물론이거니와 주변의 환경과 관계된 그 어떤 것과도 접촉하지 않게 된다. 그 결과 아무 표정이나 감정이 없는, 다른 사람과의 만남에 관심이 없고 웃음이 사라진 사람이 된다.

또 다른 갈등, 아이들의 반항

✱

아이들이 반항하는 이유는 여러 가지다. 반항의 이유가 자신의 힘을 찾고 싶어서, 어른이 싫어서 등 단순한 것일 수 있다. 대부분의 경우 아이들은 자신의 존재를 인정받고 싶어서 반항을 한다. 교사들은 반항하는 아이의 기질에 따라 각기 달리 대응해야 한다.

능동적이고 당찬 아이의 반항에는 교사가 적극적으로 맞서서 되받아쳐주는 것이 좋다. 아이들은 반항함으로써 자신의 힘으로 독립할 기회를 찾는다. 교사가 눈치를 보거나 주저한다면 상황을 더 악화시킬 수 있다. 심성이 여리고 온순한 아이들의 경우에는 교사의 말을 잘 따르기 때문에 가끔씩만 반항한다. 이때 심하게 제지하거나 눈치를 보게 하면 안 된다. 이런 아이들에게는 반항을 지지해줌으로써 아이 스스로가 힘을 찾도록 도와야 한다.

대부분의 교사들이 자신을 무시하기 때문에 반항한다고 생각하지만, 사실 반항은 아이가 성장하면서 겪는 자연스러운 현상이다. 자신의 힘과 생각, 감정을 밖으로 드러내는 것이 반항인데, 이는 건강하게 성장하고 있다는 긍정적인 신호다. 아이가 중학생이나 고등학생이 되어서도 고분고분하게 말을 잘 듣는다는 건 아직 힘이 약하다는 뜻이다. 이런 점에서 보면 반항은 빨리 할수록 아이와 부모, 교사 모두에게 좋다. 아이의 반항이 늦어질수록 누적된 강도가 심하게 나타나기 때문에 주위 사람은 힘들어진다.

아이들이 교사에게 반항을 할 때 드는 생각이나 느낌은 무엇인가요?

- 아이가 반항하면 저를 무시하는 느낌이 들어서 화가 나죠. 제가 소리를 지르면서 야단을 치게 되더라고요. 생각해보니까 전 반항을 해본 적이 없었어요. 이해가 안 돼요. 6학년을 맡았을 때는 아이들과 엄청 싸웠어요. 힘든 한 해였죠.

- 아이가 반항하면 저는 당황해요. 어떻게 해야 좋을지 모르겠더라고요. 이유도 모르겠고요. '내가 뭘 잘못했다고 아이가 이러지?'라는 생각이 들고요. 화를 자주 내는 아이들은 무섭기도 해요. 그런 아이는 안 건드려야겠다고 생각하고 눈치를 보게 되죠.

- 반항하는 아이하고는 끝까지 싸우는 편이에요. 네가 이기나 내가 이기나 한번 해보자는 식이죠. '어디서 감히 선생님한테 대들어! 본때

를 보여줘야지!'라는 생각으로요. 대부분의 아이들은 반항했다가도 나의 태도에 꼬리를 내리는데, 올해 만난 아이들은 너무 강해서 그런지 지지 않네요. 지치고 열 받아요. '이제 그만둬야 하나?'라는 생각도 드네요.

05
학부모와 갈등하는 교사를 위한 교실 상담

학부모들이 자녀를 바라보는 시각과 판단

✽

학부모와 교사의 갈등은 주로 아이가 문제행동을 일으켰을 때 서로 상처를 주고받으면서 시작된다. 그런데 이때 교사가 기억해야 할 것이 있다. 교사에게 그 아이는 30분의 1인 반면, 부모에게 자녀는 'only 1'이라는 점이다. 이처럼 아이를 바라보는 근본적인 차이 때문에 교사와 학부모는 처음부터 관계가 어려울 수밖에 없다.

• '집에서는 그렇지 않아요!'라고 말하는 학부모

아이들은 학교와 집에서의 행동이 다른 경우가 많다. 따라서 실제로는 집에서 부정적인 행동을 안 할 수도 있다. 또는 부모가 거짓말로 자신의 아이는 심각하지 않다고 말할 수도 있다. 이럴 경우 발끈

하지 말고 '학교에서 보이는 행동을 집에서는 하지 않는다니 다행이
네요. 그럼 집에서는 어때요?'라고 물어보는 것이 좋다.

• '내 아이는 문제가 없어요!'라고 말하는 학부모

먼저, 부모가 생각하는 아이의 장점을 인정해주고 아이를 잘 키워
온 부모를 칭찬한다. 저학년 학부모일수록 아이의 문제를 잘 인정하
지 않는다. 아이의 문제를 알더라도 아이가 문제라고 말하면 자신이
아이를 잘못 키웠음을 인정하는 것이기 때문에 거부하는 것이다. 다
그치거나 잘못이 많다는 걸 증명하기 위해 갖가지 자료들을 제시하
지 말고 '제가 보기에 아이의 이런 점이 걱정이다. 지금은 문제가 작
지만 더 심각해지면 부모도 힘들어질 수 있다'라고 말하는 것이 좋
다. 부모에게 좀 더 시간을 주어야 한다. 담임 앞에서는 인정하지 않
지만 집에 돌아가 생각을 바꾸어 상담을 요청하는 경우도 있다. 그
시간이 아주 길어질 수도 있다. 간혹 초등학교 때 전해들은 아이의
문제를 고등학교까지 끌다가 바꾸는 경우도 있다. 물론, 문제해결은
아주 어렵다.

• '학교에서 알아서 하세요!' 무관심한 학부모

이런 경우 담임이 할 수 있는 일은 부모가 자녀에게 무관심한 이유
를 찾고 관심을 유도하는 것이다. 최선의 노력을 했음에도 부모가 관
심을 갖지 않으면 담임의 관심만 남게 된다. 담임이 아이를 지지해주
고 내면의 힘을 키우는 수밖에 없다.

• 심리 및 정신 건강이 심각한 학부모

말이 통하지 않는 안하무인격인 학부모와는 되도록 부딪치지 마라. 어떤 문제로 마찰이 일어났을 때는 혼자 해결하려 들지 말고 학년이나 학교 단위에서 해결하자. 여의치 않을 경우 법적으로 대응해야 할 수도 있다. 심각한 우울증이나 강박 경향, 알코올 중독, 폭력 경향 등 위험한 수준인 학부모에게는 심리치료를 권해야 한다. 당사자가 담임의 조언을 받아들이지 못한다면 다른 쪽 부모에게 사실을 알려야 한다.

학부모와
공감하는
교실 서클

1. 학부모 서클을 위한 준비

토킹 스틱을 가진 사람이 오랫동안 자기 말만 할 가능성이 있으므로 이야기가 지나치게 길어지면 시간에 대해 언급한다. 질문과 상관없이 계속 자녀에 대한 하소연이나 배우자에 대한 불평불만만 말하지 않도록 서클을 진행한다. 처음에는 학부모가 마음을 열지 않을 가능성이 있으므로 여는 질문을 최대한 가볍고 편한 것으로 준비한다. 주제 질문에서는 자녀를 바라보는 시각을 알 수 있는 질문, 교사에게 바라는 점, 아이를 어떻게 키우고 싶어 하는지 자녀교육관 등 학급 운영에 도움이 될 만한 질문으로 이야기를 나눈다. 닫는 질문에서는 의기소침해졌거나 우울해진 학부모를 위한 위로의 시간과 지금까지 아이를 잘 키워온 것에 대한 지지, 격려의 시간이 되도록 한다. 부모도 자녀 교육의 어려움을 나누고 지지받고 위로받고 싶어 한다. 교사의 칭찬도 좋아한다. 집단 결속력이 강하지 않은 상태에서 자신의 비밀을 과하게 오픈하는 것은 본인과 구성원에게 부담이 될 수 있음도 미리 알린다.

2. 학부모 서클 질문

서클의 목적

- 학부모 총회에서 서로 어색함을 풀고 라포를 형성하기 위함

여는 질문

- 학교로 오는 도중에 보았던 풍경 중 기억에 남는 것이 있나요?
- 내 아이의 장점을 넣어서 자기소개를 해보겠습니다.
- 어머니가 내 아이(또는 가족)를 위해 해주는 특별한 요리가 있나요?
- 내 아이를 두 문장 정도로 간단하게 소개해볼까요?

주제 질문

- 아이를 키우면서 가장 행복했던(기뻤던) 때는 언제인가요?
- 아이를 키우면서 보람을 느끼거나 감동적인 순간이 있나요?
- 아이를 키우면서 화가 났던 적이 있나요?
- 요즘 아이로 인해 힘든 점은 무엇인가요?(아이가 이렇게 할 때 힘들다)
- 아이를 교육시키면서 어려운 점은 무엇인가요?(어떻게 해야 좋을지 모르겠다)
- 새학기가 되어 어머니가 걱정하는 부분이 있나요?
- 어머니가 아이에게 기대하는 것은 무엇인가요?
- 담임에게 부탁하고 싶은 것이 있나요?

닫는 질문

- 엄마로서 자신의 장점을 두 가지만 말하고 마무리해볼까요?
- 오늘 서클을 함께하면서 느낀 점(또는 소감)이 있다면 무엇일까요?
- 당신은 어떤 엄마로 지내고 싶은가요?
- 오늘 서클을 하면서 알게 된 내 아이의 장점이 있나요?

3. 학부모 총회 서클 진행 사례

서클 안내

학부모님들과 둥글게 앉아 이야기를 나눠볼까 해요. 이 모임에는 규칙이 있는데, 제가 들고 있는 토킹 스틱을 가진 분만 말할 수 있고, 다른 분이 이야기할 때는 경청해주시기 바랍니다. 서클에서 나눈 이야기는 비밀을 지켜주셔야 하고, 제가 질문을 하고 나서 생각할 시간을 30초 정도 드릴 겁니다. 생각할 시간을 주는 이유는 다른 분의 이야기를 잘 듣기 위해서입니다. 그럼 시작해볼까요? 긴장을 푸시고, 편한 마음으로 하시면 됩니다.

여는 질문

Q 학교로 오는 도중에 보았던 풍경 중 기억에 남는 것이 있나요?

A 학교 오는 데 신경 쓰느라 풍경을 못 봤네요.
진한 녹색의 가로수가 눈에 들어와서 기분이 상쾌했어요.
바람과 햇살이 참 좋았습니다. 철쭉이 예쁘게 피었더라고요.

Q 내 아이의 장점을 넣어서 자기소개를 한번 해볼까요?

A 저는 축구를 잘하는 호영이 엄마 ○○입니다.
저는 친구관계가 좋은 연지 엄마 ○○입니다.
저는 공부를 싫어하고 노는 걸 좋아하는 기욱이 엄마 ○○입니다.

주제 질문

Q 아이를 키우면서 가장 행복했던(기뻤던) 때는 언제인가요?

A 아이가 태어났을 때, 아이가 학교에 입학할 때나 상을 받았을 때, 친구들을 집에 데리고 왔을 때, 아빠와 함께 잘 놀 때 등.

Q 요즘 아이로 인해 힘든 점은 무엇인가요?(아이가 이렇게 할 때 힘들다)

A 말을 안 듣고 반항할 때, 말대꾸할 때, 깐죽거리면서 비꼴 때, 게임을 너무 많이 하는데 적당히 하라고 충고해도 말을 안 들어서 어떻게 해야 좋을지 모르겠어요 등.

Q 아이를 교육시키면서 어려운 점은 무엇인가요?(어떻게 해야 좋을지 모르겠다)

A 아이가 잘못을 했을 때 남편이랑 의견이 맞지 않을 때가 있어요. 제가 야단
을 치는데 남편이 하지 말라고 하면 힘들어요.
아이 야단치면서 부부 싸움을 하게 돼요. 난감해요. 속상하고.
야단을 치는데 아이가 '우리 선생님은 괜찮다고 했어요'라는 말을 들을 때 어
려워요.

닫는 질문

Q 엄마로서 자신의 장점을 두 가지만 말하고 마무리해볼까요?

A 저는 아이 말을 믿으려고 하는 거 같아요.
아이를 긍정적으로 보려고 해요. 아침밥은 꼭 챙겨줘요.
공부하라고 잔소리하지 않아요.
남편과 사이좋게 지내요. 아이 앞에서는요.

Q 오늘 서클을 함께하면서 느낀 점(또는 소감)이 있다면 무엇일까요?

A 함께 이야기를 나누니까 편안하고 좋네요.
다른 엄마들의 말씀을 들으니 우리 아이만 그런 게 아닌 것 같아서 안심이 되
네요.
선생님과 허심탄회하게 말할 수 있어서 좋았어요.

Tip

학부모 서클은 학부모 자신을 위한 서클, 자녀(아이의 입장) 이해를 위한 서클, 가
족 갈등을 위한 서클 등에 따라 질문 내용이 달라져야 한다. 서클 구성은 여는 서
클, 본 서클, 닫는 서클이 있으며 처음 여는 질문은 마음이나 상태를 가볍게 표현
할 수 있는 것을 묻는다. 예컨대 기분을 색깔로 묻거나 점심으로 어떤 음식을 먹
었는지, 기분을 날씨로 나타내면 어떤지, 아이의 어릴 때 별명이나 태명, 내 아이
가 가장 좋아하는 음식이나 좋아하는 놀이, 내 아이를 색깔로 비유한다면? 동물
에 비유한다면? 등이다.

• • •

• 우리 반 학부모 서클 질문 실습 •

서클의 목적

•

여는 질문

•

•

주제 질문

•

•

•

•

•

•

•

•

닫는 질문

•

•

성공한 서클
VS
실패한 서클

1. 성공한 서클

남학생 4명, 여학생 1명이 장난을 치고 몸싸움을 하면서 놀다가 한 남학생이 여학생에게 성 비하 발언을 했다. 이로 인해 여학생이 상처를 받았고 담임은 이 문제를 어떻게 풀어야 할지 난감했다. 우선 교사는 여학생에게 개인 상담을 요청했다. 상담 결과 욕설을 들은 여학생에게 특별한 심리적 문제는 없었으며 가해 남학생으로부터 사과받기를 원했다. 상담교사는 언제, 어떤 식으로 남학생의 사과를 받고 싶은지를 물었고, 여학생은 생각할 시간이 필요하다며 3일을 요청했다. 3일 후, 여학생은 함께 놀던 친구 4명과 상담교사, 그리고 담임과 함께 이야기를 하고 싶다고 말했다. 교사는 여학생이 지목한 남학생들의 의사를 물은 후 함께 서클을 진행했다.

7명이 함께 모인 서클에서 여자 아이는 남학생들이 어떤 이야기를 하든지 편안하게 받아들였다. 그녀는 자신의 입장을 말하고 친구들의 입장을 들으면서 자신의 잘못을 찾고 인정하는 모습까지 보였다. 남학생들은 상담실에서 벌을 받는 줄 알고 왔다가 대화를 하면서 좀 더 솔직해졌다. 자신들의 잘못을 여학생에게 사과했고, 서클을 마무리할 무렵에는 여자 아이의 단점까지 말하는 솔직한 대화가 이루어졌다.

Q 무슨 일이 있었니?(처음에는 머뭇거리고 잘못했다는 말만 하던 남학생들이 자세하게 이야기를 하면서 분위기가 편해짐)

Q 그 일이 있은 이후 오늘까지 너희에게 무슨 일이 있었니?
A 잘못했다는 생각이 들고 마음이 불편했으며, 여학생과 담임에게 미안하다고 말함.
Q 왜 그런 말을 하게 됐니?
A 자신도 모르게 그런 말이 튀어나왔다고 함.
Q 지금 그 일에 대해 어떻게 하고 싶니?
A 4명의 남학생 모두 여학생에게 사과하고 싶다고 하여, 여학생에게 '사과를 받을 준비가 됐니?'라고 물었다. 남학생들은 돌아가면서 한 명씩 여학생에게 사과를 함.
Q 사과를 하고 나니 기분이 어떠니?
A 사과를 한 친구들은 마음이 편안해졌다면서 긴장했던 얼굴들이 펴졌고, 여학생도 사과를 받으면서 편안해졌다고 함.
Q 이제 너희들은 어떻게 지내고 싶니?
A 모두 사이좋게 이전처럼 지내고 싶다고 함.
Q 마지막으로 하고 싶은 말이 있니?
A 남학생 1명이 여학생은 평소에 재미있는데, 장난을 너무 심하게 칠 때가 있으므로 조금 줄여줬으면 좋겠다고 함. 여학생에게 이에 대한 생각을 물으니 자기도 그런 것 같다며 조금 약하게 해보겠다고 하면서 웃음.

이 서클 당사자인 여학생은 정신적으로 건강하고 사건을 수용할 여유가 있었다. 자신의 마음을 직면하고 본인이 원하는 것이 무엇인지 정확하게 표현하였다. 여자 아이는 개인 상담으로 편안해진 후 친구들과 함께하는 서클에서 사과를 받음으로써 친구관계를 회복할 수 있었다. 여학생은 남자 아이들의 입장도 이해했다. 일이 잘 풀려 담임교사의 마음도 가벼워졌고 건강하게 갈등을 해결할 수 있었다.

처음 이 문제를 접했을 때 담임교사는 어떻게 해야 좋을지 난처했고, 화가 나서 남학생들에게 계속 훈계했지만 좋은 방법이 아님을 깨달았다. 이에 교사는 자신을 성찰한 후 아이들의 마음을 회복시키는 것이 1순위라고 생각했다. 결국 서클 모임을 통해 관계가 회복되는 모습을 경험할 수 있었고, 이를 통해 교사 스스로도 많은 깨달음과 상처 치유가 되었음을 아이들과 공유했다. 교사는 아이들의 이야기를 들으면서 이해의 폭이 넓어짐과 동시에 교사 스스로 중간 입장에서 힘들었던 마음, 아이들에게 실망하거나 상처받았던 마음, 걱정되는 마음 등을 솔직하게 표현할 수 있었다. 선생님의 솔직한 감정 표현이 아이들에게 긍정적으로 작용했음은 물론이다.

2. 실패한 서클

여학생 A는 같은 반의 여학생 B, C, D 3명과 갈등관계였는데 누가 가해자이고 피해자인지 명확하지 않았다. A는 다른 3명의 친구들과 잘 지내다가 사이가 나빠지자 친구들의 뒷담을 하게 됐고, 그것이 3명의 기분을 상하게 하여 관계가 끊어졌다. 그 결과 혼자 남게 된 A는 엄마에게 친구들과 화해하고 싶다고 말했고, 딸의 이야기를 들은 A의 엄마는 담임에게 자신의 딸과 아이들 간 화해의 자리를 만들어

달라고 하였다. 먼저 상담교사는 여학생 A와 개인 상담을 진행한 결과 A의 친구관계 어려움과 심리 문제를 발견했다. 개인 상담 중에 A는 자기 마음이 편해지고 싶어서 빨리 사과를 하고 싶다고 말했다.

화해 신청을 받은 아이들 중 B는 A와 말하고 싶지 않다며 거절하였다. 반면 C와 D는 함께한 서클을 통해 각자의 솔직한 생각들을 편안하게 말했다. 이들은 서클에서 야단을 치지 않고 객관적으로 말을 들어주어서 좋았다고 소감을 말했다. C와 D에게 A와 함께 대화의 시간을 갖는 것이 어떨지를 물었더니 사과를 받는 일에도 시간이 필요하고, 또 A의 엄마가 이 문제에 개입해 기분이 나빴다고 털어놓았다. C는 화해와 관계회복 의사가 있었고, D는 화해는 하겠지만 A와 다시 관계를 맺고 싶지는 않다고 말했다. 얼마의 시간이 흐른 뒤 A와 C, D가 함께 모여 서클을 진행했다.

Q **무슨 일이 있었니?**
A 3명 모두 자신의 이야기를 함. 또 각자 서운했던 일에 대해 이야기를 나눔.

Q **그 일 이후 지금까지 무슨 일이 있었니?**
A C와 D는 A가 자신들이 다가가도 피해서 어떻게 해야 좋을지 모르겠다고 말함. A는 그룹에서 자신만 떨어져 나와 속상하고 아이들을 멀리하게 된다고 함.

Q **지금 원하는 것은 무엇이고, 어떻게 하고 싶니?**
A C는 오해를 풀었으니 서로 피하지 말고 관계를 회복하자고 말함. D는 화해를 해도 이전처럼 친하게는 못 지낼 것 같다고 함. A는 오해는 풀렸지만 1학년 때처럼 지내기는 힘들다고 말함.

Q 이 관계를 회복하기 위해 어떻게 하고 싶니?

A C와 D는 밥을 같이 먹자고 제안했으며, 서클에서 빠진 B에게도 화해를 요청해보겠다고 함.

A는 C와 D가 느끼는 기분을 이해하지 못했다. 이것은 A의 심리적인 어려움이었다. 친구들의 감정과 기분을 이해하지 못하고 혼자 오해하는 일이 늘 갈등의 원인이었다. 교실에서도 친구들이 자신에게 다가가서 화해의 말이나 행동을 해도 알지 못했다. 어릴 때부터 자기중심적으로 자란 환경 때문이었다. 서클이 끝난 후에도 아이들의 관계 변화는 일어나지 않았다. A는 함께 점심을 먹는 C의 제안을 거절했다. 거절 이유는 C가 함께 다니는 B가 자신을 싫어하기 때문이라고 말했다. B도 동의했기 때문에 같이 밥을 먹자고 하는 거라고 했더니 불편해서 싫다고 하였다. '그럼 어떻게 하고 싶니? B는 상담실에 안 오겠다고 해서 도와줄 수가 없는데'라고 했더니 A는 자기가 직접 B에게 말해보겠다고 했다. 그러나 A는 말하지 않았다. A는 상담실에서 진행하던 개인 상담에도 더 이상 오지 않았다.

아이 때문에 걱정이 된 부모를 만났을 때 안타까웠다. 부모는 늦둥이로 태어난 A의 모든 욕구를 들어주고 충족시켜주는 편이었다. 적절한 좌절 경험이 없는 A는 친구들과의 갈등마저 스스로 풀어내기보다 부모에게 의존하면서 피하는 것이다. 부모의 잦은 개입은 아이들이 A를 더 싫어하도록 만들었다.

두 서클의 차이는 아이들의 심리와 정서적인 건강에 있다. 건강한 아이들이 서클에 호의적이고 적극적이며 당연히 효과도 크다. 학교에서 벌어지는 학생들 간 여러 가지 갈등은 담임교사의 서클로 해결할 수 있지만, 갈등의 핵심에 있는 아이의 심리 문제가 심각할 경우에는 상담을 먼저 진행하는 것이 좋다.

교육에 성공과 실패는 없다. 지금의 성공이 미래에 부정적인 영향을 미칠 수도 있고, 지금 실패라고 생각했던 시도가 시간이 흘러 아이들에게 긍정적인 모습으로 나타날 수도 있다. 나의 중재 실패에도 불구하고, 시간이 흘러 A가 C와 D의 관심과 마음을 받아들이고 좀 더 편안하게 친구를 만날 수 있기를 기대해본다.

상처와 갈등을 넘어 치유와 성장으로!

Part 5
공동체 회복을 위한
교실 치유

01
공동체와 함께하는 명상

·····································

~구나, ~겠지, 감사! 명상

✳

교사가 아이들과 학교에서 지내다 보면 화가 나는 상황이 많다. 수업 중 아이가 갑자기 소리를 지른다면 놀라고 당황스럽지만 일단 상황을 파악한 후 대처할 것이다. 그런데 특별한 이유도 없이 반복되는 아이의 문제행동이라면 화가 날 것이다.

교실에서 발생하는 기가 막히거나 화가 나는 이런 상황을 한결 더 편하고 여유롭게 받아들이는 연습이 '구나!, ~겠지!, 감사!' 명상이다. 부정적인 감정을 한발 물러서서 바라보는 방법이다. 명상을 통해 교사가 화를 냄으로써 발생할 수 있는 더 큰 난처함을 예방할 수 있다.

~ 구나

교사를 화나게 했거나 짜증나도록 만든 상황을 주관적으로 해석하지 않고 있는 그대로 기술한다. 어떤 상황인지 관찰하고 알아봄으로써 화를 잠시 멈추는 것이다. 이때 '~ 하는구나'라는 말은 감정을 진정시키는 효과가 있는데, 주관적 감정 개입 없이 객관적으로 사진을 찍듯이 상황을 표현한다. 그리고 나의 감정과 상황을 분리하는 것이 중요하다.

- 준혁이가 수업시간에 돌아다니는구나!
- 청소하라고 했더니 '아~~C8' 하는구나!
- 민수가 소리를 지르는구나!

~겠지

이 표현을 사용하여 교사를 화나게 만든 아이 입장에서 생각해보는 것이다. 아이 나름의 이유를 탐색해봄으로써 아이를 이해할 수 있는 여유를 가져보는 것이다. 가령 '~한 이유가 있겠지' 하는 것인데 예를 들면 다음과 같다.

- 가만히 앉아 있자니 좀이 쑤시겠지!
- 집에 가서 게임을 하고 싶겠지!
- 집에서 스트레스 받는 일이 있었겠지!

감사!

상황이 더 나빠지지 않은 것에 감사하는 것이다. 현재에 안도하며 상황을 긍정적으로 받아들이는 효과가 있다. 가만히 주변을 둘러보면 감사할 일들은 한두 가지가 아니다.

- 친구는 때리지 않고 돌아다녀서 다행이네!
- 나한테 눈을 부라리진 않아서 다행이다!
- 그래도 의자를 던지지 않아서 감사하네!

마음챙김 대화

마음챙김(Mindfulness)은 현재 이 순간에 일어나고 있는 일을 주관적 사고나 감정의 개입 없이 있는 그대로 알아차리는 것이다. 단순히 말해서 '지금 내가 하고 있는 것을 알고 있으라'는 것이다. 몸의 감각이든 호흡이든 감정이든 생각이든 어떤 것이든지 지금 일어나고 있는 내용을 알아차리고 있으면 된다. 순식간에 일어나는 일이더라도 주의를 기울이면 잘 알아차릴 수 있다.

• 마음챙김 듣기

그냥 듣는 것은 의도적이고 사려 깊은 주의를 기울이지 않은 채 그저 소리만 듣는 수동적인 과정이다. 반면 귀를 기울여 듣는 행위는 상대방이 전달하고자 하는 메시지를 이해하고자 의도적이고 사려 깊은 주의를 기울이는 능동적인 과정이다. 귀를 기울여 마음챙김하면서 듣기 연습을 해보자. 아이의 말을 교사의 생각이나 판단, 그리고 감정으로 왜곡하지 않고 아이가 표현한 그대로 듣는 것이다. 교사들은 평소 행동이 마음에 안 드는 아이의 말을 오해하거나 왜곡하여 듣는 경향이 있다. 마음챙김 듣기는 이런 오류를 예방하는 효과가 있다. 마음챙김 듣기 실습은 다음과 같다.

- 말하는 사람과 듣는 사람을 정한다.
- 말하는 사람은 3분 동안 방해받지 않고 말을 하면서 자신의 몸에 주의를 기울인다.
- 듣는 사람은 주의를 집중해서 듣고, 3분 동안 질문을 해서는 안 된다. 다만 표정, 끄덕임의 행동이나 '알겠어요', '이해했어요'와 같은 간단한 말로 맞장구는 칠 수 있다. 그 밖의 다른 어떤 말도 할 수 없다.
- 말하는 사람과 듣는 사람의 역할을 바꾸어 실습한다.

아이들의 말을 마음챙김하며 듣는다는 건 어떤 걸까? 가령, 아이가 반복적인 고자질이나 똑같은 말을 되풀이한다면 그 아이가 하는 말을 그대로 듣는 것이다. 묻거나 대답하지 말고 눈을 마주치면서 '응~' 정도의 대꾸를 한다. 이렇게 반응하며 말을 들어주면 아이가 진정하고 자리로 들어간다. 아이의 반복적인 말 때문에 짜증이 나거나 화가 난 선생님의 마음도 편해지고 여유가 생긴다. 여유가 생기면 좀 더 지혜롭게 문제를 해결할 수 있다. 아이가 중간에 하던 말을 멈추면 잠깐 침묵할 시간을 주고 다시 말할 때까지 기다려준다. 만약 한참을 지나도 침묵하면 하고 싶은 이야기가 모두 끝났는지 묻는다.

• 마음챙김 대화

마음챙김 대화는 마음챙김의 원리를 대화에 적용한 것이다. 학생들의 말과 행동을 있는 그대로 바라볼 필요가 있는 교사에게 도움이 되는 대화법이다. 마음챙김을 유지하면서 말을 하고 듣는다. 학생, 학부모와 만나 대화할 때 마음챙김을 할 수 있다면 나와 상대를 객관화해서 볼 수 있다. 상대방의 감정이나 말, 행동에 휘둘리지 않고 평온하고 여유로운 대화가 가능하다. 대화가 어려운 이유는 상대의 이야기를 들을 때 내 생각을 중심으로 듣기 때문이다. 때로는 상대가 하는 말을 듣다가 내가 하고 싶은 말을 불쑥 하고, 상대의 말을 제대로 듣지 않는다. 내가 하고 싶은 말을 잊지 않기 위해서다. 말을 할 때는 하는 말을 전달하려는 욕심에 치우쳐 상대의 반응을 충분히 살피지 못한다. 이 모든 것을 해결할 수 있는 것이 마음챙김을 하면서 대화하는 것이다. 마음챙김 대화 실습은 아래 순서와 같다.

- 말하는 사람은 2분 동안 말을 하고, 말할 때는 자신의 몸에 주의를 기울인다.
- 듣는 사람은 말하는 사람의 말을 듣는다. 듣는 사람은 자신의 몸을 의식하면서 말하는 사람에 온전히 집중한다.

- 다 듣고 난 뒤 듣는 사람은 말한 사람에게 자신이 들은 내용을 그대로 반복해서 이야기해준다.
- 말하는 사람은 듣는 사람에게 잘 이해한 부분과 잘못 이해한 것, 소감 등을 피드백한다.
- 말하는 사람과 듣는 사람의 역할을 바꾸어 연습한다.

사례를 들어 학부모와 마음챙김하며 대화하기를 좀 더 설명하겠다. 가령, 자신의 삶을 하소연하는 학부모가 있다고 해보자. 이 학부모가 말을 할 때 교사는 자신의 몸에 주의를 기울이면서 듣는다. 어깨가 딱딱하고, 명치가 꽉꽉한 것 같고, 허리는 뻐근하고 등 몸의 감각을 알아차린다. 학부모의 말이 끝나면 '어머니는 이런저런 점 때문에 요즘 힘드시다는 거죠?'라고 묻는다. 학부모가 대답을 할 것이다. 물어서 내용을 반복해줌으로써 학부모가 자신의 말에 대해 생각할 기회를 주는 것이다. 결과적으로 말이 좀 줄어드는 효과가 있다. 똑같은 하소연을 하면 자신의 기분과 생각을 알아차리면서 다시 듣는다. '반복해서 말하니까 짜증이 난다. 지금 시간도 없는데 뭐하는 거야? 화가 난다. 그만했으면 좋겠다. 지루하다.' 등 자신의 마음에서 일어나는 생각과 느낌을 알차리면서 듣는다. 말이 끝나면 '그렇군요. 힘드시겠네요'라는 말로 공감해준다. 하소연을 하면서 마음이 풀린 학부모는 교사의 말을 들을 준비가 된다. 교사 또한 이런 과정을 거치면 조금은 편안한 마음으로 학부모와 대화할 수 있다.

교실 알아차림 놀이

*

놀이는 어떤 목적을 추구하지 않고 움직임이 있는 정신적 또는 육체적 활동이다. 놀이에는 일정한 원칙과 규칙, 그리고 진행방법이 있다. 아이들은 놀이를 통해 많은 것을 배우고 표현한다. 요즘 아이들이 분노조절이 힘들고 공격적으로 표출하는 이유 중 하나는 놀이가 부족하기 때문이다. 알아차림이란 현재 이 순간에 일어나고 있는 일을 주관적인 사고나 감정의 개입 없이 있는 그대로 아는 것이다. 아이들이 할 수 있는 간단한 알아차림은 소리 알아차림, 호흡 알아차림, 몸 감각 알아차림 등이 있다.

• 소리 알아차림

편안하게 눈을 감고 소리에 주의를 기울이는 것이다. 주변에서 들려오는 소리에 주의를 기울여 소리를 알아차림 한다. 어떤 소리가 들려오는지 소리의 내용에 대한 알아차림이 아니라 소리를 단지 소리로 알아차리는 것이다. 아이들이 좋아하고 신기해하는 알아차림이다. 생각보다 교실에서 나는 소리가 다양함에 놀랄 것이다.

• 호흡 알아차림

눈을 감고 호흡에 주의를 기울이는 것이다. 아이들이 쉽게 따라할 수 있는 알아차림이다. 호흡 알아차림은 모든 알아차림의 기본인데, 호흡이 느껴지는 부위에 주의를 기울이면 된다. 코, 가슴, 배 어느 부위든 호흡이 느껴지는 곳에 주의를 기울여 알아차림을 한다. 숨이 들고 나는 것에 주의를 기울인다.

• 몸 감각 알아차림

몸의 어느 곳이든 감각에 주의를 기울이는 것이다. 앉거나 서 있거나 편안한 자세로 몸에 관심을 기울인다. 몸에 주의를 기울이다 보면 어느 곳이든 몸의 감각이 일어남을 알게 된다. 이때 몸의 감각을 알아차리면 된다. 통증이 올라오거나 전기가 흐르는 듯 찌릿찌릿하거나 간지럽거나 어떤 것이든 몸의 감각을 알아차린다.

• 알아차림 놀이

아이들에게 소리와 호흡, 몸 감각 알아차림에 대해 설명하고 간단히 실습을 한다. 다음으로 알아차림 놀이를 한다. 알아차림 놀이는 놀이의 본질에 알아차림이라는 명상을 더한 것이다. 자신의 알아차림 능력이 향상되고 타인에 대한 알아차림으로 친밀감과 긍정적인 관계를 만든다. 종이 울리면 하던 놀이와 동작을 모두 멈추고 눈을 감는다. 그리고 소리나 호흡, 몸의 감각 중 하나를 알아차리라는 안내를 한다.

여는 서클로 가볍게 몸과 마음의 상태에 대한 질문이나 기분, 기대 등에 대한 마음 나누기를 하고, 모든 놀이가 끝났을 때 놀이에 대한 소감을 나눈다. 놀이 중간중간 종소리를 듣고 멈춘 뒤 눈을 감았을 때 알아차린 몸이나 소리, 호흡에 관한 느낌은 마무리할 때 말한다. 알아차림 놀이에서 중요한 것은 즐겁게 놀이에 참여하는 것과 종소리를 들고 멈추는 것, 멈춘 뒤 눈을 감고 몸이나 소리, 호흡을 알아차리는 것이다. 알아차림 놀이는 모든 놀이에 응용할 수 있다. 놀이를 시작하는 순간과 끝나는 순간 눈을 감고 잠깐 자신의 상태를 알아차리는 시간을 준다. 실수하거나 틀리더라도 비난하지 않는 분위기를 만들고, 규칙은 아이들이 정하도록 한다. 몇 가지 알아차림 놀이를 소개하겠다.

박수 도미노

- 모든 참여자가 둥글게 앉는다.
- 선생님이 지정한 학생부터 박수를 친다.
- 오른쪽 또는 왼쪽 방향으로 한 명씩 박수를 치며 도미노처럼 한 바퀴 돈다.
- 시간을 정해 시간에 맞게 박수 도미노를 진행한다.
- 조금 어려운 미션은 두 명이 동시에 박수 도미노를 하는 것이다.
- 두 명을 지정하여 한 명은 왼쪽 방향으로, 다른 한 명은 오른쪽 방향으로 동시에 박수 도미노를 시작한다.

> **Tip** 중간에 틀렸을 때나 서로 잘 맞지 않을 때 종을 울리는 것이 좋다. 몸의 감각을 알아차린 뒤 다시 종을 치면 놀이를 계속한다. 멈췄을 때 느낀 몸의 감각에 대한 이야기는 마무리할 때 나눈다.

손병호 게임

- 술래를 정한다.

- 술래는 지시문을 말한다.

- 해당되는 아이들은 자리를 옮긴다.

- 술래는 빈자리에 찾아가 앉는다.

- 자리에 앉지 못한 아이가 술래가 된다.

Tip 친구들이 별로 좋아하지 않는 아이가 술래가 되었을 때 아이들은 싫은 소리를 내기도 한다. 이때 그 아이와 학급 아이들이 모두 놀이에 집중하기 위하여, 종을 치고 마음의 소리를 듣도록 놀이를 잠깐 멈추는 것도 좋다.

새, 둥지, 바람 놀이

- 술래를 한 명 정하고, 나머지는 세 명씩 짝을 맺는다.

- 짝이 된 세 아이 중 한 명은 새가 되고 두 명은 둥지가 된다.

- 둥지는 새를 감싸고 서 있고, 새는 가운데 서 있다.

- 술래는 '새, 둥지, 바람' 중 하나를 외친다.

- 술래가 새라고 외치면 새는 다른 둥지를 찾아 이동하고,

- 둥지라고 외치면 둥지는 다른 새를 찾아 이동하고,

- 바람이라 외치면, 전체가 흩어져 새로운 둥지와 새를 만든다.

- 짝을 짓지 못하는 한 사람이 술래가 된다.

Tip 새가 되거나 둥지가 되는 등 새로운 자세가 될 때 종을 쳐서 몸의 감각을 알아차리고, 자신감이 부족한 아이가 술래가 되었을 때 그 아이가 마음을 가다듬을 수 있도록 종을 쳐서 모든 아이들이 호흡을 알아차리도록 한 뒤 놀이를 진행한다.

02
교사를 위한 자기 돌봄 명상
··

스트레스 관리 명상

✳

학술적인 의미에서 스트레스란 우리가 적절하게 적응하지 못함으로써 생리적 긴장을 초래하고 질병을 일으킬 수도 있는 불편함이나 물리적, 화학적, 감정적 요소들이다. 보통은 정신적 압박감이나 긴장이 생기면 스트레스를 받는다고 한다. 이는 불편함, 불만족스러운 상태다. 대부분의 병은 스트레스로 인해 생기고, 심리 정서와 일상생활에 부정적 영향을 준다. 전체적으로 삶의 질을 저하시키는 것이다. 교사의 스트레스는 본인의 행복뿐 아니라 아이들에게 부정적인 영향을 미칠 수 있으므로 관리하는 것이 좋다. 명상에서는 '걱정하는 습관을 현재에 집중하는 습관으로 바꾸면 자신의 감정을 자각하고 수용할 수 있어 스트레스가 줄어든다'고 한다.

스트레스 자가 측정 평가지 (신경희 (2016). 〈웰니스 평가지〉 p214. 인용)

문항	그렇다/아니다
1. 재미있는 일이 있어도 즐길 수 없다.	
2. 커피, 담배, 술 등을 찾는 일이 늘고 있다.	
3. 쓸데없는 일에 마음이 자꾸 끌린다.	
4. 매사에 집중할 수 없는 일이 자주 생긴다.	
5. 아찔할 때가 있다.	
6. 타인의 행복을 부럽게 느낀다.	
7. 기다리게 하는 것을 참지 못할 때가 있다.	
8. 금방 욱하거나 신경질적이 된다.	
9. 잠에 깊게 들지 않고 중간에 깬다.	
10. 때때로 머리가 아플 때도 있다.	
11. 잠들기가 어렵다.	
12. 식욕에 변화가 있다.	
13. 과거에 비해 자신감이 떨어진다.	
14. 등과 목덜미가 아프거나 쑤실 때가 있다.	
15. 쉽게 피로해지고 늘 피곤함을 느낀다.	

16. 다른 사람이 내 말을 하지 않을까 두렵다.	
17. 사소한 일에도 가슴이 두근거린다.	
18. 나쁜 일이 생기지 않을까 불안하다.	
19. 다른 사람에게 의지하고 싶은 마음이 강해진다.	
20. 나는 이제 틀렸다는 생각이 든다.	
해당 항목 수	

• 해당 항목 6개 : 주의가 필요함.
• 해당 항목 7개 이상 : 적극적인 스트레스 관리가 필요함.
• 해당 항목 16개 이상 : 전문가의 진단과 도움이 필요함.

스트레스 관리를 돕는 명상

• 걷기 명상

명상은 밖으로 향하는 산만한 마음을 안으로 돌려 고요하게 만든다. 걷기 명상은 습관적으로 걷지 않고 천천히 걸으면서 발의 움직임과 감각에 주의를 기울인다. 먼저 걸을 때 왼발, 오른발 명칭을 붙이면서 걷는다. 집중이 되면 왼발 들음, 왼발 놓음, 오른발 들음, 오른발 놓음 등으로 명칭을 붙이면서 걷는다. 매순간 발걸음을 알아차리면서 걷는다. 걷는 도중 마음이 발이 아닌 다른 곳으로 달아나면 이것을 알아차린다. 부드럽게 다시 발의 움직임으로 알아차림을 가져온다.

• 호흡 명상

편한 자세로 앉아 호흡에 집중한다. 호흡이 느껴지는 곳에 주의를 기울인다. 코, 가슴, 배 어디든 좋다. 처음에 힘들면 배의 일어남, 사라짐을 명칭 붙이면서 시작한다. 일어남, 사라짐, 일어남, 사라짐 이런 식이다. 호흡에 주의를 기울이기 위해 숨 쉬는 것을 억지로 하지 않고 편안하게 평소대로 숨 쉰다. 가만히 앉아서 호흡에 주의를 기울이고 있으면 마음이 호흡이 아닌 다른 곳으로 끊임없이 왔다 갔다 하는 것을 알게 된다. 이렇게 호흡에서 멀어졌을 때 '망상, 망상, 망상' 또는 '들음, 들음, 들음' 등 명칭을 붙이고 돌아오면 된다. 자신을 비난하지 않으며 친절하고 따뜻한 마음으로 다시 호흡으로 돌아온다. 호흡만 알아차리는 경지는 도인에 가깝다.

• 자비(Loving kindness) 명상

자비 명상은 나와 남이 함께 기쁨과 행복으로 가득 찰 수 있도록 한다. 또한 사람들의 좋은 면을 보도록 이끈다. 타인에게 상처를 안 주고 남의 행복을 기뻐하는 자비로운 마음을 기르는 것이다. 먼저 자신에 대한 사랑으로 시작한다. 편하게 앉아서 눈을 감고 자신이 가장 행복했던 순간을 떠올린다. 이때 가슴에 손을 얹고 느껴보는 것도 좋다. 그런 다음 행복감이 가득 찬 자신의 환한 얼굴을 눈앞에 그린다.

환하게 웃고 있는 자신에게 다음의 문구를 마음에 보낸다. 처음부터 너무 많은 내용을 하지 말고 3개 정도가 적당하다.

"내가 욕심에서 벗어나기를…"
"내가 화냄에서 벗어나기를…"
"내가 편안하고 행복하기를…"

모든 사랑 중 자신에 대한 사랑이 가장 밑바탕이다. 자신을 사랑하지 않으면 아무것도 할 수 없다. 마음이 사랑의 빛으로 가득 채워지면 그 빛은 다른 사람을 밝게 비추게 마련이다. 다음 순서는 자신에게 가장 소중한 사람을 떠올리면서 위에서 소개한 문구를 마음에 보낸다.

"그 사람이 욕심에서 벗어나기를…"
"그 사람이 화냄에서 벗어나기를…"
"그 사람이 편안하고 행복하기를…"

가까운 사람으로부터 시작하여 한 사람씩 그려가면서 마음을 그들에게 보낸다. 다음은 특별히 좋아하지도 싫어하지도 않은 사람들의 차례로 보내면 된다. 단, 죽은 사람은 대상에서 제외하고 이성에 대한 자비는 제일 마지막에 보낸다. 자비 명상은 자신을 있는 그대로 수용하고 사랑하는 마음을 일으키도록 만든다. 그런 힘을 바탕으로 나와 다른 존재와의 관계를 유연하게 만들어준다. 학교에서도 아이들에게 자비 명상을 시킬 수 있다. 교실에서 아이들과 함께 자비 명상을 해봄직하다. 명상 방법을 가르쳐주면 아이들도 곧잘 하는데, 처음에는 30초 정도 진행하고, 서서히 시간과 대상을 늘려나간다. 자비 명상을 한 아이들은 공격성이 줄고 표정이 밝아지며 친구들과 잘 싸우지 않는다.

> "우리 반 아이들이 욕심에서 벗어나기를…"
> "우리 반 아이들이 화냄에서 벗어나기를…"
> "우리 반 아이들이 편안하고 행복하기를…"

교사, 자기 치유 서클

교사는 많은 스트레스에 노출되어 있다. 따라서 자신의 마음과 스트레스를 관리하기 위한 나름의 방법을 반드시 갖고 있어야 한다. 학생 또는 학부모에게 받은 상처나 억울함을 쌓아두거나 개인적인 스트레스를 무시하면 행복해질 수 없다. 풀고 살아야 한다. 혼자 내면을 치유하고 보살피는 것이 명상이라면, 서클은 동료 교사들과 함께 하기에 좋은 방법이다. 교사 서클은 교사의 정신적 필요를 충족해주고 문제점을 적절히 해결해주는 역할을 한다. 서클을 통해 자신을 칭찬, 격려함과 동시에 자신의 감정을 표현할 수 있다. 다른 선생님의 이야기를 들으면서 공감하고, 나의 이야기 역시 공감을 받으면서 다친 마음과 감정이 치유된다.

한편 누구나 타인으로부터 인정을 받고 싶은 마음이 있다. 태어나서 부모로부터 인정과 사랑, 그리고 존중을 충분히 받은 사람은 건강하고 밝으며 자신에게 당당하다. 우리는 스스로 그리고 주변의 사람들로부터 인정과 지지를 받아야 한다. 칭찬은 우리가 쉽게 접근할 수 있는 것이다. 칭찬과 지지로 장점을 키운다면 우리 내면에 있는 인정받고 싶은 욕구를 자극하여 자신감이 생긴다. 나아가 자신에게 부족한 점, 보완할 점도 알게 된다.

교사 스스로 자신의 장점을 찾아보는 것도 의미가 있다. 내가 인정하는 또는 남들이 인정해주는 자신의 장점들을 생각해보자.

자신의 장점을 10가지 정도 적어보세요.

그동안 아이들을 지도하면서 스스로 만족, 칭찬하고 싶은 내용들을 적어보도록 하자. 이렇게 칭찬과 지지로 장점을 키워나간다면 자신에 대한 타인의 칭찬이나 비난을 편하게 수용하게 되고, 남에 대한 긍정적인 칭찬이나 부정적인 피드백도 자유롭게 할 수 있게 된다.

칭찬에 인색한 사람은 자신의 장점도 잘 찾지 못하는 경향이 있다. 자신의 장점을 인정하고 칭찬해주는 습관을 들이면 학생들을 좀 더 잘 칭찬할 수 있다.

교사 치유
서클

여는 질문

Q 자신을 소개하는 시간을 가져보면 어떨까요? 자신을 소개하는 형식은 '나는 ~을 잘하는 교사 ○○○'입니다. 잠깐 동안 생각할 시간을 드리겠습니다.

A · 모든 것을 잘해서 못하는 것이 없는 교사 ○○○입니다.

· 불평을 잘하는 교사 ○○○입니다.

· 운동을 좋아하는 교사 ○○○입니다.

· 잔소리를 잘 늘어놓는 교사 ○○○입니다.

· 아이들의 말을 잘 듣는 교사 ○○○입니다.

Q 초등학교 때 나는 어떤 아이였나요?

A 모범적인 아이였고, 철이 일찍 들었어요. 조용하고 근면 성실해서 칭찬을 많이 듣고 배려할 줄 알았어요. 조용하고 차분했어요. 친구들과 잘 노는 아이였어요. 지금과 달리 얼굴이 까만 아이였는데 드러나지 않게 사랑받고 싶어 하는 마음이 강했어요 등.

Q 학창 시절 나에게 긍정적인 영향을 주신 선생님은?

A · '수업 듣기 싫으면 나가'라고 말하는 선생님을 보고 '저렇게 자신의 수업에 당당할 수 있구나' 하는 생각이 들어서 놀라웠죠.

· 국어 선생님이 너무 멋지고 좋아서 교사가 되려는 꿈을 꿨고 늘 당당하고 자신감 있는 선생님이 되고자 노력했어요. 인격적으로 존경할 만한 선생님이 되고 싶고 아이들을 안아주고 챙기려고 해요.

· 성적이 좋지 않으면 때리는 선생님이 정말 무서웠어요.

· 고등학교 샘 중에 잘 가르치는 분이 계셨는데, 아이들도 잘 챙기는 모습이 좋았어요. 그 샘을 보고 교사가 되려는 꿈을 꾸었어요.

주제 질문

Q 요즘 나를 웃음 짓게 하거나 행복하게 만드는 아이는?

A 조용하고 착실하며 책임감 있는 아이가 좋아요. 해맑고 순수한 아이나 애교가 있어서 먼저 다가오는 아이가 마음에 들더라고요. 웃으며 호응하거나 먼저 말을 걸어주는 아이가 좋아요. 감사하는 마음을 표현하고 공부 못해도 대답 잘하는 아이가 사랑스럽죠. 선생님에게 관심을 주고 표현해주는 아이가 마음에 들어요.

Q 이런 아이는 용서가 안 된다, 정이 안 가는 아이는?

A 강자에게 약하고 약자에게 강한 모습을 보이는 아이나 수업 태도가 나쁘면서 성적이 잘 나오는 아이가 얄미워요. 친구들과 함께하는 활동은 전혀 하지 않으면서 자기 것만 챙기는 아이는 싫어요. 교사가 뭘 사주거나 하면 당연히 받고 마음에 들지 않으면 불평하는 아이는 정이 안 가요. 수업시간에 교사를 무시하는 느낌을 주는 아이는 용서가 안 돼요.

Q 참기 힘든 아이, 울화통이 터지는 아이는?

A 교사에게 욕하는 아이나 자기중심적이어서 교사 말을 안 듣는 아이는 열 받아요. 지나친 가정학습으로 학교에서 무기력하거나 가정 문제로 학교에서 통제가 안 되는 아이는 좀 버거워요. 빈정거리거나 자신의 잘못을 인정하지 않으면 울화통이 터져요. 야단쳐도 먹히지 않고 친구 핑계 대는 아이는 한 대 때리고 싶어요. 자기 식대로 해석하면서 말꼬리 무는 아이 있죠. 화가 나요.

Q 이런 학부모는 힘들거나 싫다.

A 학생 문제가 있는데 잘못을 인정하지 않고 아이만 편들거나 교사 앞에서 큰소리 치는 부모는 싫어요. '선생님은 우리 아이를 미워하고 나쁘게만 봐요' 등의 말을 하면서 '집에서는 안 그래요'라고 말하는 부모는 힘들어요. 분노조절이 힘든 아이가 친구들이나 선생님들과 계속 싸워서 상담을 권했더니 친구 탓만 하는 부모는 진심 싫어요. 교사를 믿어주지 않거나 아이 문제에 무관심하고 회피하는 부모도 싫더라고요.

Q 교사로서 보람을 느낄 때는?

A 반복된 잘못이 고쳐지지 않는 아이에게 야단 치고 소리를 지르기도 했는데, 그 아이가 편지로 진심을 전했을 때 '나의 노력이 헛되지 않구나!'라는 생각이 들었어요. 아이들이 나를 좋다고 말할 때 기뻐요. 학급 아이들이 옷, 외모, 성격 등 나에 대한 칭찬과 애교를 보여줄 때 행복해요. 졸업생들이 나를 찾아올 때나 체험학습에서 아이들이 뭔가를 깨달을 때 보람을 느껴요.

닫는 질문

Q 여는 질문과 주제 질문에 답하면서 어떤 느낌과 생각이 들었나요?

A 다른 선생님들도 나랑 비슷한 고민을 하고 계신다는 동질감을 느꼈어요. 모두들 각자 어려움을 갖고 계시는구나 하는 느낌이 들었어요. 죄책감을 내려놓을 수 있었고, 내가 힘들어하는 학생과 학부모에 대해 이해하는 시간이기도 했어요. 함께 하소연을 하면서 이야기를 할 수 있어서 좋았어요. 마음을 털어놓으니 치유받는 느낌도 들었어요. 교사인 내가 모든 것을 다 해결하지 않아도 된다는 부담을 덜 수 있을 것 같아요. 내 문제가 아니라는 위로를 받으면서 죄책감이나 자책 등을 하지 않게 되었어요. 마음이 조금 여유로워졌어요. 이야기를 하다 보면 아이가 안쓰럽고 이해가 되네요.

··· •

• 학부모에게 받은 상처 치유를 위한 서클 질문 •

여는 질문

- 교사로서 내가 만난 학부모 중 고마웠던 분이 있나요?
- 나는 어떤 엄마, 아빠인가요?
- 나는 어떤 부모이고 싶은가요?

주제 질문

- 학부모로부터 받은 상처가 있나요?
- 학부모 상담을 할 때 힘든 점은 무엇인가요?
- 만나고 싶지 않은 학부모가 있다면?
- 학부모 때문에 학생이 미워진 적이 있나요?

닫는 질문

- 학부모로부터 가장 듣고 싶은 말을 한 문장으로 표현한다면?
- 서클을 진행하면서 느낀 점이나 소감이 있다면 무엇일까요?

참고 문헌

경기도교육청(2014).「회복적 생활교육 매뉴얼」.

김정호(2014).『마음챙김 명상 매뉴얼』. 솔과학.

민병배, 이한주(2016).『강박성격장애』. 학지사.

박숙영(2014).『회복적 생활교육을 만나다』. 좋은교사.

서정기 외(2016).「교사들의 회복적 생활교육 실천 경험에 관한 내러티브 탐구」. 교육인류학연구.

서준호(2014).『서준호 선생님의 교실놀이백과』. 지식프레임.

신경희 (2016).『통합 스트레스 의학』. 학지사.

신현균, 김진숙(2012).『주의력결핍 및 과잉행동장애』. 학지사.

용타(2007).『마음 알기 다루기 나누기』. 대원사.

유제민, 김정휘(2004).『아동과 청소년의 발달정신 병리학』. 시그마프레스.

이유진 외(2014).「학교 폭력 해결을 위한 회복적 정의모델 도입방안 연구」. 한국청소년정책연구원.

이주영(2010).『어린이심리학』. 지식프레임.

이주영(2013).『선생님도 모르는 선생님 마음』. 즐거운학교.

이주영, 마가(2007).『고마워요 자비명상』. 불광출판사.

장금순(2005).「민속놀이를 활용한 초등학생 학교 폭력 예방 프로그램 개발 연구」. 숙명여자대학교 박사학위논문.

정진(2016).『회복적 생활교육 학급운영 가이드북』. 피스빌딩.

조경애(2015).「중학생들의 회복적 서클 참여 경험에 대한 현상학적 연구」. 상명대학교 석사학위논문.

평화교육훈련원(2017).「회복적 생활교육 워크숍 자료집」.

게리 욘테프(2008).『알아차림, 대화 그리고 과정』. 김정규, 김영주, 심영아 역. 학지사

로레인 수투츠만 암스투츠 외(2011).『회복적 학생생활교육』. 이재영, 정용진 역. KAP.

로스 W. 그린(2017).『학교에서 길을 잃다』. 신동숙 역. 지식프레임.

밥 스탈, 엘리샤 골드스테인(2014).『MBSR 워크북』. 안희영, 이재석 역. 학지사.

제널드 코리(2005).『집단 심리상담의 이론과 실제』 조현춘 외 역. 시그마프레스.

차드 멍 탄(2012).『너의 내면을 검색하라』. 권오열 역. 시공사.

캐롤 & 토퍼(2003).『인디고 아이들』. 유은영 역. 샨티.

케이프라니스(2012).『서클 프로세스』. 강영실 역. KAP.

클래리죠 외(1997).『현대교육심리학의 과제』. 전윤식 역. 삼영사.

하워드 제어(2010).『회복적 정의란 무엇인가?』. 손진 역. KAP.

호로스-웹(2007).『주의력결핍/과잉행동장애 ADHD 아동의 재능』. 양돈규, 변명숙 역. 시그마프레스.

휴 미실다인(2006).『몸에 밴 어린시절』. 이석규, 이종범 역. 가톨릭 출판사.

「이 도서의 국립중앙도서관 출판예정도서목록(CIP)은
서지정보유통지원시스템 홈페이지(http://seoji.nl.go.kr)와
국가자료공동목록시스템(http://www.nl.go.kr/kolisnet)에서 이용하실 수 있습니다.
(CIP제어번호: CIP2018039195)」

회복적 생활교육을 위한 교실 상담

1쇄 발행 2018년 12월 26일
4쇄 발행 2023년 3월 27일

지은이 이주영·고홍락
발행인 윤을식

펴낸 곳 도서출판 지식프레임
출판등록 2008년 1월 4일 제2020-000053호
전화 (02)521-3172 | **팩스** (02)6007-1835

이메일 editor@jisikframe.com
홈페이지 http://www.jisikframe.com

ISBN 978-89-94655-72-7   (03370)